ばあちゃんの
幸せレシピ

中村 優

prologue

　私が次から次へと、遠い、知らない土地を訪れるのは、自分の足でその土地に立って、色を見て、匂いを嗅いで、肌で感じて、そこにあるすべてを味わうことで、言葉では容易にカテゴライズできないその存在を捉えてみたいからだと思う。
　世界じゅうを旅していると、人一倍美しいシワを顔じゅうに集めたばあちゃんに出会うことがある。そのシワに魅せられて、いつしか旅先で「ばばハント」（ばあちゃんをハンティングすることを私はこう呼んでいる）をするようになっていた。
　素敵なシワのばあちゃんを見つけると、私はお腹を空かせた野良猫のようにすり寄って、その後ろをついて行く。そして、扉が開くとするりと台所に上がり込み、料理をするばあちゃんの隣で包丁片手に日がな一日おしゃべりをして、テーブルに載せられたご飯を一緒に頂くのだ。
　台所では、世代を超えて恋愛話をしたり、歴史とともにあったばあちゃんの苦労話を聞いたりする。私がその時々に抱いていた人生への疑問を投げかけると、ばあちゃんたちはいつだって答えてくれる。そこにはいつも、自由に楽しく生きて美しいシワを重ねるためのヒントがあった。この本に詰め込んだのは、私が旅の途中で出会った各国のばあちゃんたちと台所で語り合った物語。
　ばあちゃんに出会う度、その自由で鮮やかな人生観に元気をもらうことができる。そんなめくるめく"ばばワールド"へ、さあ、みなさんもご一緒に。

Menu

prologue
4

―――――

マリアローズの
かぼちゃジャムとアレトリア
10

満子さんの厚焼き
18

メッタさんの
コラキャンダ
24

column 1 旅の準備
行き先は直感で
32

お金の行方
34

―――――

圭子さんのおせち料理と錦卵
38

小枝子さんのニシン鮨
42

ミチコさんのコスラエスープ
50

column 2 旅の準備
ばあちゃんの見つけ方
64

―――――

マノリータのカルドガジェゴ
68

ルスダンさんの謎の料理
76

達子さんの小煮しめ
84

column 3 旅の準備
スーツケースの中には
90

Hello world!
92

―――――

富珠さんの炒米粉
96

つんこ先生の起舟御膳
106

ノーイさんのチリペースト
116

マリニーさんの
カノム・ジン・ナム・ヤー
126

column 4 中村優と僕
Hello world! by cooking
136

アリシアさんのパエリア
140

あさのさんの葬式うどん
142

清子さんのはっさくデザート
144

好子さんの焼き鳥
146

黄英妹さんの芋粿
148

鍾黄喜妹さんの
鳳梨豆醬炒地瓜葉
150

チャッドチョムさんの
プリック・カー・クルア
151

column 5 中村優と私
Hello world! by editing
154

とびきりおいしいを分かち合う
YOU BOX
158

世の中をシワシワに！
40creations
162

てまひまかけた
おもてなしの厚焼き
170

にやにやぐるぐる
右回しのカボチャジャム
171

いつでも迎えられる
保存のカレーペースト
172

おいしく体を整える
おもいやりの緑のおかゆ
173

epilogue
174

Chapter 1

愛さればあちゃんの
　下ごしらえ

Charm of the pot
おなべの中のおまじない

マリアローズの
かぼちゃジャムと
アレトリア
in Porto

レストランのマリアローズ

　スペインのマドリードから入ってフランスのパリから帰国する1ヶ月のオープンチケットをとって旅に出ることにした。最初の10日間は、以前から付き合いのあった群馬県の旅館のオーナーがスペインを旅するというので、通訳として同行することに。素晴らしい食を提供する美しい旅館を経営する食通のオーナーが、私が一番好きな国のひとつでもあるスペインへ生産者巡りに出かけるというのだから、ついて行かない理由はない。

　素晴らしい生産者たちと夢のような日々を過ごし、あまりに豪華な食べ歩きに私の胃が驚きを隠せないでいるうちに、10日の旅はあっという間に過ぎていった。行動を共にしていた方々に別れを告げて、ひとりになった。その時、ふと思い出したのが、何かの本で読んだ「ポルトガルは女性シェフが男性シェフの数を大きく上回るという世界的に見ても珍しい国」という話。そこで、ポルトへと飛んでみることにした。

　初めて訪れたポルトは、私の中のイメージ通りなんとなくモヤモヤと曇っていた。無条件にご機嫌になってしまうほど晴れ渡ったマドリードの空とは一転、ちょっと寂しくなる。

　歴史を感じさせる石畳やかわいいタイル貼りのお家、迷い込みたくなる小道、なぜか海外でたまに見かける電線にぶらさがった靴、そんな道を歩くと、泊めてもらっているお家の女の子から教えてもらったローカルレストランにたどり着いた。少し暗い店内を覗いていると、お客らしきおじいさんから手招きされたので入ってみる。

　日々の営みが感じられる食堂のようなその場所には、ランチ中の女の子がひとりと先ほどのおじいさんがひとり。スペイン語なら読めるので、似ていると言われるポルトガル語も読めるだろうかと思って見てみたけれどやっぱり読めないメニューを眺めていると、女の子が向こうの席から、「ひとり？　こっちで一緒に食べない？」と誘ってくれる。喜んで席を移ると、「私も越してきたばかりなの。ブラジルから。ここ、すっごくおいしいから週に2回は来てるのよ」とにっこり笑って、オススメのメニューを教えてくれた。料理に合わせてオーダーしたヴィーノヴェルデ（「緑のワイン」の意味）というポルトガル特産のワインは、完熟する前のブドウを使ったプチプチした喉ごしが楽しくて、昼から飲みたくなる味わいだった。

　ランチとおしゃべりを続けながら、私が「料理上手なばあちゃん探してるんだけど、知らない？」と聞いてみると、「あれ？このお店によくおばあちゃんがいるけど今日はいないのかな？」と言う。「えっ、何時くらいに現れるの!?」と私が食いつくと、店の奥からシェフらしき男性が出てきて「ああ、うちの母さんのこと？　後で来るって言ってたから、待つ？」と言う。なんてラッキーなんだろう。もちろん予定なんてないので、待たせてもらうことにした。

　30分ほど待っただろうか。店のドアがガチャッと開いて現れたのは、輝くブロンドの、なんだか大阪にいそうな個性光るばあちゃんだった。名前は、Maria Rose。ローズマリーを意味するかわいい名前だ。

ポルトの町で会った女の子からばあちゃんがたくさん居るとすすめられて、ポルトから30分ほどバスに乗って小さな漁師町にやって来た。本当にばあちゃんがいっぱい！ お昼になると、売るためにではなく自分たちで食べるために路上で魚をさばいて焼き始める彼女たち。雨の多い地域だけど、天気が良いと、カラフルなエプロンをしたまま気持ちよさそうに日向ぼっこ。その自由な姿に、私はとても惹かれていた。

右回しのカボチャジャム

　ばあちゃんは、店に入ってくるなりにっこりと笑ってこちらを向いた。かわいいんだけど、目の奥にはドスンとしたすごみがある。俄然、彼女に興味が湧いてきた。さっそくキッチンへと入って行った彼女は、私がランチに頂いたものすごくおいしい鴨ご飯をひと口味見して、息子に何か注文をつけている。息子はこっちをちらりと見て苦笑い。パワフルなばあちゃんを見つけると、見ているだけで楽しくなってしまう。
　ばあちゃんにじいちゃんも加わって、きゃっきゃとカボチャを切り始め、「ジャム作るわよ！」と言う。使うカボチャはひょうたん形のバターナットスクオッシュのような水分量が多くてさらりとしたタイプのもの。煮物には向かない（一度、これでカボチャの煮付けを作ろうとして、鍋の蓋を開けたら形が無くなって、ネオ和食が出来上がっていたことがある）。2人の様子を見つめる息子は、「手つきがマジで危なくて見ていられない。危ないから、最近はもうキッチンには入らないようにしてくれって言ってるんだ。それでも自分のやり方が正しいって言って口出ししてくるから、キッチンはいつも戦場だよ」と、苦笑い。そんな気持ちもおかまいなしで、ばあちゃんは切ったカボチャにどっさりと砂糖を入れて、グツグツ煮る。
　「ポイントはあるの？」と聞いてみると、「かき混ぜるスピードと回数で、味が変わ

カボチャが少しもったりしているので、スコーンなどと組み合わせるよりも、チーズなどの塩気のあるすっきりした食材との相性がいいようだ。

るのよ!」と、これがものすごく大事なのだという真剣な顔で言う。しかし、次の瞬間には、「でも時間かかるの。たまにかき混ぜておいて」と、私をキッチンに残して、じいちゃんとボードゲームを始めた。「一体、どんなスピードでどれだけ混ぜればいいの⁉」と、重要なポイントを任されて焦る私を気にする気配もない。

ちょっと混ぜてみながら、チラチラとばあちゃんの様子を窺っていると、やっとボードゲームにひと区切りついたのか、こちらにやって来て、「ジャムを作る時はね、絶対に右回しで回し続けなきゃいけないの。左に回すとゆるいジャムになってしまうから、右に回すのよ」と念を押す。さっきまで鍋を放り出してゲームをしていたのに、妙な説得力がある。こういうばあちゃんのまじない的な言葉は、科学的な根拠はどうあれ、威力があるものだ。今度から、私もジャムを作る時は絶対右回しで作ろう。なんだか長年の経験の上にあるマイルールって、すごくカッコイイ。

右回しでピュレ状に潰したら、ちょっと冷ましてナッツをどっさり入れて、完成。もたっとしたカボチャの甘さに、ナッツの歯ごたえが加わってとてもいい感じにメリハリが出る。一度にカボチャ4キロ分作ったけれど、フレッシュな羊のチーズに載せてお店のデザートとして出すと、1〜2週間ですぐになくなるのだそう。

「パスタやお米は主食」っていうイメージが強すぎて、それがデザートだなんてなんとも不思議な感覚。ライスプディングも衝撃だったけど、パスタのデザートも日本人の私にはとても斬新なメニューだ。

パスタのデザートアレトリア

"星の山脈（Serra da Estrela）"という名のついたエストレーラ山脈から駆け落ちするようにポルトにやって来たというばあちゃんとじいちゃん。「昔から知り合いだったの？」と聞くと、「教会に行く途中で出会ったんだ」と嬉しそうにじいちゃんが答える。その隣で、「私は村で一番の人気者だったから、私たちが付き合い始めた時はみんながおじいちゃんに嫉妬したのよ」と、ばあちゃんがウインクする。その後もいかに自分がかわいかったかを話し続けるばあちゃんに、息子は「8割は大げさに言っているね」とひと言。何を言ったって時効なばあちゃんの昔話は、愉快でかわいらしく、聞いている人を幸せにする。

そして、もうひとつ教えてくれたのは、ポルトガルでクリスマスに作られるというパスタのデザート "Aletria"（アレトリア）。

水にレモンの皮とシナモンスティックと砂糖を入れて火にかけて、沸騰したら、バキバキと折った極細パスタを入れて、5分ほど茹でる。「5分よ、5分。あまり長く茹でるとおいしくないからね！」とばあちゃんは強調するが、正確な時間を計るには、あまりに動きがゆっくり。そして、3分くらい経過した後、「足りないかも」とパスタを再び投入して、5分以上……。ばあちゃん時間というのは、私たちの時間の概

念を軽く超える時もある。ミルクで茹でるのがメジャーなレシピのようだけど、ばあちゃんはミルクを使わない。茹でたパスタをお皿に取り、冷ましてシナモンパウダーをかけて頂く。通常はしっかり冷やして食べるけれど、ちょっと温かいうちに食べてもおいしい。味は、パスタと思って食べなければ結構いける。冷えて固まったものをケーキのようにナイフで切って、四角くしたりして食べると歯ごたえがプリッとしていて、パスタには思えず面白い。

　エストレーラ山脈でのばあちゃんたちの幼少期はとても貧しく、兄妹の数人は労働力として幼い頃から働いていた時代。クリスマスに出てくるこのスイーツは、それはそれは魅力的で子どもたちが大喜びしたそう。そうか、きっとこれはお金がなくても楽しめる、子どもを持つ母たちの味方の一品だったのだろう。

Thinking someone
in the kitchen

人を想う台所

満子さんの
厚焼き

in Haidacho

尾鷲へのフィールドトリップ

　リアス式海岸の湾奥に位置する三重県尾鷲市早田町は、人口150人程度で高齢化率が60%を超える小さな港町。伊勢神宮が近くにあるからか、神聖な空気すら感じる山々を抜けくねくね曲がる道を越えてやっとたどり着く町だ。交通の便が悪かった昔は、すぐ隣の集落でも訪ねるのが大変だった。だから、方言や料理方法に集落ごとの色濃い個性がある。
　この夏、私は、サステナブルシーフードについてしっかりと学び日本で普及するためのアメリカ研修を終えたばかりで、とにかく多くの漁港をまわって現場を見てみたいと思っていた。そんな時、建築家や画家、コピーライターなど各界で活躍する人たちと一緒に尾鷲へ旅に出ることになった。「尾鷲に行く」と言うと何人もの人が「尾鷲なら、伊東さんに会いに行け」と言った。そして、紹介してもらった伊東さんを訪ねてみると、彼は尾鷲で生まれ育ったが俯瞰して地元を見ることができ、町をもっと魅力的にできる人だった。色々話していたら、それならばと早田町へ連れて行ってくれることになった。

漁師町のみっちゃん

　海に面して段々畑状になっている早田に住む男性はほとんどが漁師で、港では、おなじみの魚から見たことのないような魚ま

で、毎日たくさんの魚が水揚げされる。
　市場に出回らない魚は、伊東さんが支配人を務める「夢古道おわせ」の「お母ちゃんのランチバイキング」で地元のおばちゃんたちによって料理される。彼女たちにとっては日常メニューだけど、町の外から来た人にとってはここでしか食べられない地元料理として楽しまれる。海からふと内陸を見あげると、サステナブルな林業のあり方を提示し日本林業界をリードする人たちの姿もあった。尾鷲は、川の上流から下流までのすべての過程で人々の営みと美しい景色が見える土地だ。
　尾鷲を満喫し、じゃあ東京へ帰ろうかという流れだった。ところがここで、ばあちゃんに出会ってしまった。すぐそばで「やすらぎ荘」という早田唯一の民宿を45年も営み、この漁港に毎日やって来るという満子さんだ。突然のお願いにもかかわらず、その民宿に泊めてもらえることになった。
　満子さんは、漁師塾に来る若い男子たちからも愛情を込めて「みっちゃん」と呼ばれ、彼らにしょっちゅうご飯を作ってあげたりしている。早田での幼少期は、お父さんが戦争に行き、腹痛持ちだったお母さんの代わりに家族の分まで山へ大量の薪を採りに行ったり畑を耕したりご飯を作ったりと、本当に苦労したと言う。だからこそ、成人する頃には早田を離れて尾鷲の街の旅館で働いた。
　「料理長から綺麗な料理をたくさん教わって、楽しかったわね。そんなところに、（将来結婚することになる）旦那さんが早田から通って来たんよ」。なんとじいちゃんは、ばあちゃんに好きとも、結婚してくれとも言わないまま、6年も7年も毎日会いに来たのだそう。「カラスが鳴かん日はあってもきょうちゃん（じいちゃん）が通わん日はないってみんなに言われたな」と少女のような顔で笑う。しかし、じいちゃんと結婚するということは、早田へ戻るということ。それが嫌で結婚を躊躇していた。ところが、「ある日、共通の友人が来て、『あんないい男いないぞ。他にどんな男と結婚するつもりぞ』と説得されてな、根負けして結婚したの」と言う。
　その後、旦那さんが止めるのを押し切って始めた民宿はばあちゃんのチャーミングな人柄とおいしい料理で人気を集めた（なんと、家を3回も増築するほど！）。そして、お客さんが少なくなった今でも、全国に散らばったかつてのお客さんたちと旬の食べ物を送り合うおいしい交流が続いているのだそう。
　「旦那さんはな、結婚してからもいっぺんも好きだとも愛してるとも言ってくれたことないのにな、死ぬ何ヶ月か前に『こんなにこよなく愛しとるのに』って言ったんや。『あれ、そんな言葉知っとったん』って思わず言ったんさ。最期の言葉やったなって、姉と2人で笑ったの」と明るく話す。
　ある日彼氏にフラれて家を出てから、決まった家を持たずに毎日誰かの家に泊めてもらうという野良猫のような生活を始めて1年ほどが経っていたこの時の私は、自分の在り方を探すことばかりに必死で恋愛する余裕もなかった。けれど、思いもよらない胸キュン純愛話に触れて、好きな人との時間を思い出しては少女のように笑えるような恋愛をするには、もっとピュアにいろんな物事を捉えなければとなんとなく反省した。

どの港町も抱える後継者問題。この町も例外ではないが、明確なビジョンのもとに開催される「漁師塾」でたくさんの若者が実践のなかで漁業を学び、実際に都会から若者が移住して来たりと活発だ。

満子さんの厚焼き

　旦那さんが船頭さんを務めていたため、新年には毎年船のメンバーがみんなして家に集まって宴会をした。その時には羊羹や厚焼き、押し鮨に姿鮨なんかをこれでもかというほど作ったそう。ばあちゃんにお願いして、大変すぎて最近はめっきり作らなくなってしまったという厚焼きを特別に作ってもらうことにした。

　「厚焼きは、その時に獲れた魚でよく作ったの。アジやカワハギ、ムツ。今日はヘダイね。お祝いの時だって葬式の時だって、いつでも厚焼きは作ったんさ」。そう言いながら調味料を入れていく。すっかり体が覚えてしまっているのだろう、計量もせずにさっと入れてしまう。私は、必死にそのおおよその分量を捉える。

　魚を捌いて血合いを取る。ヘダイとイカとキス、合わせて約1.1kg分をすり身にして、塩を30gほど入れる。すり鉢を挟んで2人が向き合い、2本のすりこぎで交互

小ぶりのアジで酢飯を包んだ「アジの姿鮨」は、漁港ならではのアイコニックなルックス。背開きにしたアジを細かい骨まで丁寧に取り除き、2日に渡って酢締めに。「好きな人はな、頭まで全部パクッと食べちゃうんさ」と満子さん。

に、リズミカルにスリスリする。2人がかりで擂らねばならないほど重くて力のいる作業だけれど、その姿はなんとも微笑ましい。粘りが出てきたら、卵5個と砂糖を加えて、またよく擂る。小麦粉40gと酒100ml、さらに、クチナシを溶いて作った黄色を加えて華やかに。卵焼き用の四角いフライパンで焼き目を両面につけ、その後蒸し器に入れて15分ほど蒸したら出来上がり。プリッとした食感と甘くほんのりしょっぱい卵焼きのような、しっかりした味わいに仕上がる。

今でも親戚や友人にはこの港町で獲れた魚の干物を送り、町の若手をいつも気にかけなんだかんだと料理を用意する。「お金こそないけど、みっちゃんみっちゃんってみんなが寄ってきてくれるんやもん、ありがたいで」と言い、「今はボケ防止やと思って人にしてあげるの」とチャーミングに付け加える。ばあちゃんがみんなに愛されるのは、いつもみんなを想って台所に立っているからかもしれない。

Create welcoming home
開けたお家の作り方

メッタさんの
コラキャンダ
in Colombo

ハレハレスリランカ

「写真家の卵には、インドやスリランカはオススメしない。自分に才能があると勘違いしてしまうから」。尊敬するフォトジャーナリストがそんなことを言っていた。初めてスリランカを訪れて、その意味がよくわかった。ここには生命力がみなぎり、息を呑むほど鮮明な色に溢れ、生活のワンシーンを切り取るだけで絵になってしまう。

人口約2000万人のスリランカ。街を歩いて人と少し触れ合ってみて、すぐに気がついた。この国の人たちは、妙にニヤニヤしているのだ……！ 目が合うと、ニヤッとする。こちらがニヤッとしようものなら、倍のニヤッで返してくれる。それに気

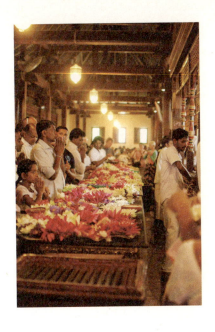

づいたとたん、なんだか彼らとの距離が急速に近づいた気がした。
　でもひとつ解せなかったのは、明らかに「オッケー！」みたいな表情で「ハレハレ」と言うのに、ダメだと言うように首を横に振られること。はじめは戸惑ったけれど、よくよく見ると首の振り方には２種類あり、首を横に振る時はノー、首を傾けるよ うに左右に首を倒す（目は相手を見て、口元はニヤッ）時はイエス。とても紛らわしいけれど、今や私がスリランカ人を思い浮かべる時はいつだって、頭の中の彼らはキュートにハレハレしているのだ。

仏教徒が多いスリランカ。釈迦の犬歯が納められているとされるダラダー・マーリガーワ寺院で祈る人々の姿は大変印象的。また、野菜の色や景色の中に見える赤や茶や緑は力強く、土っぽい空気感とともに思い出される。

27

仲間に囲まれる甘美な時間

　出会ったのは、スリランカ最大の都市コロンボのハイソなエリアに住むメッタさんという81歳の女性。結婚したら女性は専業主婦になって家事をするという精神が根付いていた彼女の時代には珍しいバリバリのキャリアウーマンだった。英語も堪能で、退職した後も15年ほど民宿を自分で経営していたという。
　メッタさんは9人兄妹、そして旦那さんも9人兄妹と、ふたつの家族を合わせるとびっくりするほどの大家族で、友人も親戚もいつもメッタさんの家に集まっては一緒にご飯を食べたという。息子のプラディープさんは、「母の人を楽しませたりもてなしたりする才能はすごいんだ。受け継ぎたい才能だと思っているけど、やってみるとなかなか難しいもんだよ」と笑う。

　お昼時、メッタさんの娘ディーピカさんの家でお茶していたら、「今日のここのお昼は何かなーと思って」なんて言いながら、超自然にパラパラと友人たちが集まってくる。ディーピカさん曰く、「いつも誰かしらご飯を食べにやって来るから、常にちょっと多めにご飯を作ってある」のだそう。客人は、「昔は隣のメッタさん家が集合場所だったけど、今は世代交代してこっちが集合場所になってるんだ」と笑う。
　スリランカで大人気のオーダーメイドデコレーションケーキのケータリングを手がけているディーピカさんの家は、天井が高くものすごくスタイリッシュ。なんとスリランカを代表する世界的な建築家・ジェフリー・バワのアワードを受賞した若手建築家である兄・プラディープさんのデザインなのだそう。
　知識人たちが集い、実りある話にも他愛

　もない話にも自由に花を咲かせ、心地いい時間を共に過ごしていたら、「野良猫生活なんてしてる場合じゃない！」、突如私はそう思った。そろそろ人をもてなす側にまわらないと、いろんな人から借りてばかりいた恩を返せるようにはならない。それに、私もこういう心地いい人たちが集ってくれるような場が欲しい。何より、なかなか彼氏ができないことをぽやいたら友人が返して来た「そんな生活してたら、彼氏できないのあたりまえだよ〜」という言葉ももっともだと思っていた。

　メッタさん家の幸せな光景を見ていたら、1年半にわたる家無し野良猫生活に終止符を打って、人を呼べる場所を持ちたくなった。東京に戻ったら、いつでも好きな人たちを招くことができるような部屋を借りることにしようと決めた。

いくつかの小さなショップで売られていたのは、キトゥルというヤシ科の植物から取れるシロップを煮詰めて固めたジャグリと呼ばれる塊。大抵、緑のおかゆの側にこれを砕いたものが置いてあり、かじりながらおかゆを頂く。

緑のおかゆ

その後は、ある謎の情報をもとに国内を駆け巡った。それは、「スリランカの人は、緑のおかゆを毎朝飲むらしい」というもの。

コロンボの朝、交通量が多く渋谷のスクランブル交差点のように縦横無尽に人が行き交う幾つかの場所では、通勤ラッシュの1時間だけポップアップショップが登場する。そして、そこでその緑のおかゆは売られていた。結構熱いのに、人々はそのおかゆをグイッとその場で飲んで出勤する。その後、小学校の校長先生をしていたシャンティさんに連れて行ってもらったスリランカの真ん中あたりに位置する彼女の田舎で頂いたのは、おばあちゃんから習ったというマスタードシード入りの緑のおかゆ。そして、伝説的なシェフがいると聞いてたどり着いたのはいいが、そのゴージャスなホテルでひとり、存分に孤独を感じながら頂いたのは、何度も濾して作り上げられたであろう今までで一番上品で滑らかな舌触りの緑のおかゆ。さらに、最後に訪れた小学校の給食のおばちゃんが作ってくれたのは、サラサラの穀物を入れたバージョンだった。どれも優しくて、癖になりそうなきっと日本人も好きな味だ。

メッタさんのコラキャンダ

メッタさんにこのおかゆの話をすると、「コラキャンダね、明日作ってあげるわ」と言う。おかゆをキャンダといい、ゴトゥコラという葉で作ったおかゆがコラキャンダだそう。翌日、一緒にローカルマーケットを訪れ、緑の葉物がたくさん並ぶ緑屋さ

　んへと赴く。「これは目に良くて、これは肝臓、これは記憶力で……」と、さすがアーユルヴェーダの知恵が息づく国、彼女は効能までよく知っている。その日の体調に合わせて組み合わせた葉っぱで作り、中に入れるお米も赤米などをそれぞれのお好みでアレンジする。

　コラキャンダの作り方はとっても簡単。まず、刻んだニンニクとお米と水を鍋に入れてグツグツ煮ておかゆを作る。そこにココナッツミルクを入れて、少し煮る。そして、ゴトゥコラの葉（味の強いミツバやドクダミのような味。日本ではちょっと癖のある野草やわさび菜、ルッコラなどをブレンドするのが良い）をひと掴みと水100ml程度をミキサーに入れて、ペースト状になるまで回し、茶こしで濾して鍋に入れる。塩で味を調えつつ、一度グツッとしたら完成。緑のフレッシュさを楽しむために煮過ぎないように気をつけて。黒糖に似た味がするジャグリをかじりながら頂くのが本場流。

column
旅の準備

行き先は直感で

「行き先はどうやって選んでいるの？」とよく聞かれるけれど、正直に言うと、たいした理由や動機があったためしはない。そこに知り合いがいるから、おいしいものがありそうな予感がするから、おいしそうな噂を聞いたから……と、理由なんてせいぜいその程度。直感で決めているだけ。そもそも私が旅をする理由は、インスタントに溢れる情報やその響きだけで世界のイメージを描くのではなく、自分の目で見て肌で感じた自分らしい表現の引き出しを増やすため。

旅をする時に気をつけているのは、既成概念のフィルターを取り払うこと。そして、死なないこと。日本ほどに治安の良い国は本当に稀。少し前を振り返ると、今ならば歩かないだろうなと思う危ない道を闊歩していたこともあったと思い出して今更ながらドキドキする。しかし、アンテナを張って、全身でその土地の匂いを感じて、街の人々がどんな身なりをして何を気にして歩いているかを観察することは、どうやってその街を歩くかを考える参考にもなる。

復路のチケットがないと入国できない国もあるので、たいていの場合は往復チケットを手配する。目安日程でオープンやフレックスにしておくことが多い。予定を決めておくのは最初の2日分だけにして、現地での出会いから生まれる誘いに身を任せられるように空白を確保している。土地の空気感をおおまかにつかんで次のスポットや滞在先を見つけるのには、2日もあれば十分。その2日の宿泊先として泊めてくれる人を選ぶ時には、できるだけその地域に長く住んでいて地元を良く知り、顔が広そうな人を選ぶようにしている。そんな人を見つける直感には結構自信がある。その直感があたれば、充実した旅がスタートするのだ。

初めてひとり旅に出たのは19歳のころ。それからというもの、気づけば35ヶ国以上をめぐってきた。普段と変わらない服装で街を歩けば、現地に溶け込み、トラブルに遭う確率も低くなるはず。

column
旅の準備

お金の行方

「どうやってこんなに旅ばかりしているんだろう」と不思議に思っている人も多いはず。やりたいことがあるのにできないように思えてしまう時、その理由がお金の心配だけなら、私はどうにかしてやってみることにしている。東京で暮らしていたってお金はかかる。だったらどこにいたって一緒じゃないか。最近でこそやっと旅を仕事に絡めることができているし、旅をすることが今やっている仕事や次の仕事の糧になることがわかっているけれど、最初はもちろん全部ただの自腹だった。

航空券は、旅行代理店から出ているチケットのなかから条件の良いものを選ぶくらいなので一般的な方法だけど、宿代においてはずいぶんとやりくりしていたように思う。例えば、ゲストハウスでお手伝いをする代わりに宿代をタダにしてもらったり、『Couchsurfing』という「ソファーでよかったらタダで泊めてあげるよ」というコミュニティーを活用したり。世界中の部屋を貸し借りできるサービス『Airbnb』を使うことも。東京では野良猫のように家を持たずに家賃のない暮らしをしたり、大きな家を友達みんなで借りてAirbnbにホストとして登録して家賃出費を削減したりした。

そんな私が交通費や食費以外に思い切ってお金を使うのは、その土地土地でしか買えないものの買い物。それから、友人が私を訪ねて日本やバンコクに来て

くれたときには、私がおごったり家に泊めてもてなすようにしている。旅先ではおごってもらうことがよくあるから。ちなみに、お金が介在するかしないかで、コミュニケーションの形には違いが現れると思う。例えば、Couchsurfingはお金を介在しない代わりに、異国の文化を知るといった人間同士の結びつきにホストのモチベーションが置かれていてより深いコミュニケーションが期待できる。私もこのコミュニティーでの出会いをきっかけにその後も連絡を取り合っている友人が世界中にいる。Airbnbでもそういったことはあるけれど、お金の授受があるともう少し割り切った要素が増える。どちらにしても、これらのサービスを使う時には、どの地域にもいるプロフィールに「料理好き」と書いているホストを見つける。私にとっては、それがプライスレスなフレンドシップを築く道のスタート地点だ。

旅がもっと楽しくなるようなツールやサービスは次々登場する。いつだって新しい方法をどんどん取り入れて、可能性豊かに、柔軟にいきたい。

スペインでは、ブルゴス郊外でオーガニックゴートチーズ「サンタガデア」を作るアルフォンソ夫婦の心地よいお家に滞在して、サステナブル・ライフを体験(下左)。フランスでは、バニュルスで自然派ワインを手がけるマヌエルの畑でブドウの収穫をしながら食卓を囲んだ(下右)。生産者と共に過ごすのもお気に入りの時間。

Chapter 2

自分らしさは味付け次第

Eat the hostility

敵意まで美味しく頂きましょう

少しずつ書き記してきたという手書きのレシピノート。年に1度の出番となるおせちのページには、毎年の改善点が追記してある。

圭子さんの
おせち料理と錦卵
in Yokohama

ハイカラさんのフライパン

　12月29日。何かと慌ただしい年の瀬に訪ねたのは、原口圭子さん88歳が暮らす横浜の家。この家では毎年この日に、3世代の女性たちが集まって、おせちを仕込む。「楽しいの。1年に1度、本当に手間がかかるし大変だけど。少人数ではできませんよ、何人かの女の人が集まってやるのが最善じゃないかしら」。そう話す圭子さんは、建築家のお父さんと絵描きのお母さんのもと、戦前から洋服を着て室内履きを履き、畳もないヨーロッパ的で自由な家庭で育った。「母の得意料理は、シチューやサラダでしたね。コロッケもジャガイモのじゃなくてクリームコロッケが多かったのよ」と、懐かしそうに微笑む。

　そして終戦後、帰還したご近所の原口家の息子さんと圭子さんは結婚することになる。もともと両家は知り合いで、親や叔父などの話し合いによって2人の結婚が決まったのだそう。

　「そうね、もともと知ってる人だったからあまり私たちにも違和感はなかったわね。でも、原口家はものっすごく日本的なお家だったから、思想の違いという意味では本当に大変だった。ものの考え方がまるっきり違ってね。でもね、なんとなくやってきましたよ。何度も泣きましたけど」

　88歳の今も水彩画を習い始めたりと新しいことに挑戦する圭子さん。「チャレンジ精神旺盛なのは昔から？」と聞いてみると、「戦争を乗り越えたからかしら。生きている限りは楽しくしていかなきゃ。ただ退屈しているだけじゃ情けないでしょ。何があっても、潰れてはいられないわよね。一生懸命乗り越えるってほど気張らないで、自然に一歩いっぽ歩いたらいいのよ」と、優しい口調で言う。

　空襲まっただなかの東京で、圭子さんは10代後半だった。「家の周りは全部焼けてしまった。ある日、空を見ていたら、B-29が低空飛行して焼夷弾を私の家の真上に落とすのが見えたの。ハッとしたんだけれど、風で爆弾は散って、私の家の庭には爆弾がぶら下がっていた重い鉄板のついた胴体だけが落ちてきたの。奇跡的に私の家は燃えなかった。だからね、その胴体を分解して……フライパンにしたの！　庭にかまどを作って、その上で炒め物でもなんでもして、『いい気味』って言いながら食べたのよ」。うふふふと肩をすくめて笑う。あまりにチャーミングに言うものだから内容を理解するのに数秒考える。なんてこった、空襲のまっただなかでも悲しんだり呆然としたりするわけではなく、爆弾をフライパンにして、小気味の良い嫌味を言い放つ。その突き進むメンタリティ。カッコよすぎて、ものすごく……ワクワクする！

「元日の夜は多いと20人くらいが集まって、ローストビーフとローストチキン、スモークサーモンがメインのご馳走をこしらえたものよ。日本式のものが食べたい人には錦卵や煮物をつけるの」と、さすがハイカラさんのお家。

圭子さんの錦卵

　おせち料理は、原口の家にお嫁に来てからお姑さんに習ったという。原口家のおせちには、だいたい栗金団、黒豆、ごまめ、子持ち昆布、紅白なますに煮しめ、八つ頭、鳥のつくねに菊花蕪にたたきごぼう、そして、錦卵が入る。
　「この錦卵は、原口家のお母さんのお得意料理だったの」と話す圭子さんが、今は錦卵作りを担当している。まず、卵を茹でて白身と黄身部分に分ける。そして、細かく砕いてしっとりするくらいまでそれぞれに砂糖を入れる。「あ、そうそう塩をね、ほんのひとつまみ入れるの。そうすることで、ぼやけている味がちゃんと締まるのよ」。

そう言って、まずは黄身を広げたラップの上に敷き、そしてその上に白身を載せて巻く。「ラップのない昔は年の暮れには必ず障子の張り替えなんかで障子紙があったから、それを使ったのよ」。そして、15分蒸して粗熱が取れたら開いて、冷め過ぎないうちに切り分けて出来上がり。
　台所では、娘さんやお孫さんが「今よ！」とタイミングを見計らいながら賑やかにごまめを作っているところ。それを横目に、「面白いでしょ。同じ分量で同じように作っているはずなのに、不思議と毎年味わいが違うのよ。今年はこれがおいしかったねってみんなで話すのも励みになるし、スリルよね」と本当に嬉しそうに目を細める。家族といえど、なかなか集う場面も少

なくなる中で、原口家では今でも毎年12月29日に必ず女性たちが集まっておせちを作るのが習慣だ。
「バカみたいだと思うかもしれないけれど、暮れのたった1日、女たちが台所に集まって、大騒ぎしてから正月を迎えるのは、ちょっと楽しいの。でも、これからはね、みんなが作ろうと思ったら作って、嫌だったらやめればいいの。時代には逆らえないし、押し付けるのは嫌。私が死んだ後もみんな仲良く暮らしてくれればそれでいいから。別に何かを引き継いで欲しいなんてことは思ってないわ」
　ばあちゃんたちはなかなかばばレコーディング（ばあちゃんのもとでその姿の記録をとることを私はそう呼ぶことにした）させてくれないことがある。やっとばばレコーディングさせてもらった後にだって、やっぱり表には出さないで欲しいと言われたりもする。戦時中の話や貧しさといったものを次世代に引き継ぎたいなんて彼女たちが微塵も思ってないとしたら、それを私が書くのはエゴなのかもしれないと何度も悩んだ末、オフィシャルにはせず趣味の範囲にとどめていた。私は彼女たちの執着がなくさらっとしたところが大好きだったけれど、それでも、こんなにワクワクする話や力強い人生の物語に触れてしまうと、どうしても伝えたくなり、もやもやしていた。

Beauty of tradition
伝統のなかの美しさ

小枝子さんの
ニシン鮨
in Itoshiro

神様のいる場所

　岐阜県の石徹白は、「ここの野菜や漬物は、厳しい大地で穫れたものだからか味わいが格別なんだ」と、周りのエリアのシェフたちから聞いて、気になっていた土地。そしたら、タイミングよく石徹白に住むその名も石徹白小枝子さんを紹介してもらい、訪ねることになった。

　福井との県境にある270人程度の石徹白集落。峠を越えて、冬はボブスレーコースのように高くそびえる雪の壁の間をすり抜けてたどり着く。雪深い季節に訪れたこともあってか、しんっと澄んだ空気と背筋が伸びるようなピリッとした寒さ。かつてないほど神聖な場所に来たのだという感じがした。それもそのはず、明治以前、白山は四方の水源でもあり、白山信仰が根付いている。そして、その麓に位置するこの村に白山中居神社が鎮座する。神仏分離が起こり、神社周辺の7、8軒だけが神道として残った。そのうちの1軒が石徹白さんのお家。1890年に建てられたものの、白山信仰時代からの習慣をしっかりと受け継いでいたこの家に嫁いできたのが、小枝子ばあちゃんだった。

　方言なのか、「ら」をRaと舌を巻いたRの発音で話すのが印象的で、なんだか異国に来た感じがする。そのなまりで、「仏教で育ったけど、ここに嫁いでから初めて神道になったの。生活のしきたりも違うし、仏様を拝むことと神様を拝むことは、なんとなく心が違う感じがしたのね。神様のほうがね、さらっとしとる」と、小枝子ばあちゃんは話し始めた。

風習のなかの美しさ

「お正月には、御神前と大黒様、御霊様、門神様を祀るんだけれど、きちっと順序があって、行動が大事なの。仏様は自分の心を持ってお参りすれば通じる感じだったけど、神様はしきたりみたいなものが重んじられる。神道には説教もないし、自分が振る舞いを自覚しなければいけない。でも、神道になってから61年も経つと、神様の前に立てば自分が出せるようになったし、いいなと思うようになったわね」

お正月には、朝、昼、夜と神様への儀式があって数日はずっと忙しい。それでも、「お役目があるから、お正月にお父さんとふたりきりだったとしても寂しくないの」と微笑む。あまり信仰心のない私でさえ、この場所で彼女の話を聞いていると、信仰というのはこの土地の生活とは切り離せないものなんだとすっと心に入ってくる。

最近、やっと友人たちも来てくれる開けた家ができて、彼氏もできた私は、ふと、ふたりの馴れ初めを聞いてみたくなった。小枝子さんが「昔、お父さんに惚れる女性はいっぱいいて、私は押し掛け女房かなと思う」と言うので、ちらっとお父さんを見てみると、「俺はよくモテたからな〜」と笑う。「でも、身を固めなきゃと思うと、今までの恋愛とはちょっと変わってくるのよね。一緒に暮らすのが中心になるから」と、小枝子さんは続ける。「私は自分で人生を切り開くタイプではないから、依存型ね。その代わり、出来上がったものを忠実に受け継いだり、苦労にも耐えられる性格なのよ」。依存型でもないし、身を固めることにも全然興味がない私は、結婚って大変そうと思いながら聞く。「でもね、私は親やお姑さんから受け継いだ精神が尊くて、次の世代にも引き継いで欲しいと思ったけれど、それは難しいわね。外側からみると無宗教に見えて、暮らしのなかに根付いているのが神道だから」。私たちの世代は信仰心やしきたりから自由になって、全てがカジュアルになった。でもその先に果たして何を求めているのかと考えた。しきたりや、目に見えないものを信じる気持ちから生まれるそこはかとない美しさが、何だか新鮮だった。

12月31日から1月3日までの朝と晩は、御神前や大黒様、御霊様、門神様それぞれに、お供えをする。決められた場所にお餅や白いご飯、煮干しや豆腐などを作りたての新鮮な状態でお供えしてお祀りするのがしきたり。

小枝子さんのニシン鮨

　基本は漬物とおつゆだったという石徹白の食も、小枝子さんに聞くとそれだけでもたいそうそそられる。「漬物は、いろりの熱い炭の上に朴葉を敷いてその上で焼いて食べるのよ。秋にカブラと大根の漬物を漬けるの。カブラ漬けは3月まで食べて、4月3日の節句にカブラ漬けを食べ終わった頃、今度は食べごろになった大根の漬物へと選手交代。小さいジャガイモなんかも皮をむかずに、漬物の汁で炊く。カチンと音がするほど固くよく煮しまるの。それは漬物の汁じゃないとだめなのよ、塩じゃできないの。それが忘れられないわね。おいしかった」。私が訪れたのは、12月10日。お正月に食べるニシン鮨の仕込みを見せてもらうためだ。「ニシンだけは、海のないこの場所でも昔からあった。それでもニシン鮨は特別なご馳走だったの」。そう言いながら、さっそくお料理開始。

　大根5本分ほどと人参2本分を千切りに

家庭ごとに味が違うといわれるニシン鮨。ほんの少し山を下っただけで発酵の進み具合が変化し、おいしくなりにくいのだそう。ちなみに、寒い冬にコタツで温ってコンロやホットプレートなどでちょっと焼いて頂くと、日本酒が進む。

して、塩をまぶして混ぜ、重石を載せて水出し。塩は「手加減」だけど、だいたい3掴みくらい。お米1升を少し硬めに炊いて冷ます。そこに1升分の麹をほぐして混ぜる。「昔は麹を惜しんだから酸っぱかった。お米と同量入れると、甘くておいしいものができるのね」。1kgの身欠きニシンをひとくち大に切り、お湯の中に1、2分浸して脂を抜く。ニシンの水気を切り、すべての材料をしっかり混ぜて桶に入れ、重石を載せて石徹白の気温（超寒い）で、1ヶ月

弱ゆっくりと発酵させて完成。これを、火で炙ってお正月のご馳走として頂く。確かに麹の甘味とニシンの旨味がふわっと香り、日本酒と合わせたくなる乙な味。ここでしか、この時季にしか食べられないニシン鮨。その鮨を味わいながら、初めて私のなかにこんな古き良き精神を受け継ぎたいという想いが湧いた。

The Japanese lady
日本女性にあこがれて

ミチコさんの
コスラエスープ
in Micronesia

青い海のミクロネシアへ

　日本からミクロネシア連邦へは、グアムから"アイランドホッパー"と呼ばれる飛行機に乗り、4つの州(ヤップ、チューク、ポンペイ、コスラエ)をホッピング(つまりは各駅停車)しながら目的の島へと向かう。機内は、ローカルバスかと思うほどに自由席と化し、アメリカ英語のキャビンアテンダントは、「Oh my god！」と言いながら取り乱す。それでも私の席にもやっぱり当たり前のように別の人が座っていて、そこで飲み食いした後に大量にリバースするというカオスっぷりは、もはや手のつけようがない。諦めて空いている席で眠り、ふと目覚めると目に飛び込んできたのは、リゾートと呼ばれる場所のどんな海よりも段違いに透明感があってずっと見ていられるほどに美しい海。

　ミクロネシア連邦が発見されたのは、1520年代、スペインのマゼラン一行によってだった。19世紀に入り捕鯨が盛んになると、いきなり多くの捕鯨船がこの島に立ち寄るようになったが、彼らの出入りは疫病や性病をこの島々に蔓延させ、特にポンペイでは人口の半分が亡くなったという。それまで民間療法や島の植物で治療していた島民に対し、カトリックの宣教師たちが西洋の薬を処方し、一瞬で病を治したため、この島では一気にカトリックが広まった。その後、ドイツ統治時代を経て、第一次世界大戦の1914年には日本が島々を無血占領。日本が敗戦を迎えるまで続いた統治時代は島民人口を日本人人口が上回ったこともあったので、佐藤さんという名前の人や、「俺は半分日本人だ」って言うものすごく日本人っぽくない人たちに多く遭遇した。

　コスラエ島で飲まれるコスラエスープがおいしいらしいという噂を聞いただけで、1週間後にはポンペイにいた私。ミクロネシアがどこにあるかも知らなかったのに。いつだって旅の始まりにたいしたきっかけなどないのだ。

コスラエ島の端にある、ボートでしかたどり着けない「ワラン」という場所。未だに電気もなく昔ながらの生活が残っているこの場所で食べた、スモーク香とねっとりした甘みが味わい深い「モリキ」と呼ばれるパンの実を使った伝統料理が忘れられない。

謎の儀式とアウトドアフューネラル

　私がどこかへでかけると、いつも何かしら引き寄せてしまうらしい。ミクロネシア到着の初日の夜には、山の中で「歓迎の儀」をしてもらい、サカウと呼ばれる植物の根を石でリズミカルにトントン潰して、水に浸したハイビスカスの木の皮に包んで絞った泥水にしか見えない液体をみんなで回し飲み。じゅんさいのようなどろっとした感じにざらっとした土臭さがやってくる液体だ。お世辞にもおいしいとは言えないうえ、鎮静作用があるためわいわいしていた大人たちの口数がだんだん少なくなり、やがて誰も話さなくなる……。こう書くと多くの人が心配するだろうし、実際、儀式の途中にはさすがの私も思いつく限りの生きて帰る方法を考えていた。しかし、幸い、ここに集まった人たちは驚くほどいい人たちばかりなうえ、その儀式は唯一無二の独自性を持っていて今でも夢だったのかなと思うほど不思議な体験だった。

　次の日、今度は「優、葬式行くよっ」と起こされる。こんなふうに知らない人の葬式に誘われるのは新鮮だなーなんて思いつつ、前日に出会ったばかりのショーンが迎えに来てくれて車に乗り込む。1時間くらいずんずんと車を走らせて、またもや山の

上／コスラエのお店と、バナナ屋さん。下／ポンペイの離島であるヌクオロ島からやってきたルースさんが教えてくれたのは、タロイモとバナナ、ココナッツシロップ、ココナッツミルク、タピオカパウダーを混ぜ、バナナの葉で包んで蒸したもの。

なかにやってきたところで、かなりの人だかりが見えてきた。葬儀は各家庭で行われるのだけれど、亡くなった人のステータスによってその規模は変わってくるらしい。基本的には長く生きるほどステータスがあがる構造で、今回はこの島でとっても重要な年配女性が亡くなったため、キングや首長といった重要人物をはじめおびただしい数の人々が駆けつけていた。その様子はさながらピクニックかフェスのよう。この女性の式は4日続く。私が参加した初日は、大量のサカウ、ヤムイモ、豚、パンの実が運び込まれた。サカウが作られ回し飲まれ、島中から集められた35頭もの豚たちはその場で捌かれた。そして、調理はされずに各家族へ配分されるのだ。女性たちは歌ったりご飯を作ったり食べたりして、男性たちは（豚の）血まみれ泥まみれになりながら体を張って動く。2日目は家族だけで静かに行われ、3日目はまた盛大に、今度は魚などを中心に食材が大量に持ち寄られる（そのためこの日、島から魚は消え、どのレストランやマーケットを探しても魚は無かった）。そして最終日はまた家族で。葬式は、一大イベントなのだ。

コスラエ島ホームステイ

　4日滞在したポンペイ島を後にして、いざコスラエ島へ。面積は116㎢（日本で言うと、小豆島より少し小さいくらい）、小さな島に道は1本しかなく、人も少ない。そして、なんと私が訪れた前年の観光客数は1年で60人だった。「いやー、その前の年は44人でその前は13人だから大躍進だよね！」とのこと。どうやらとても珍しい場所に来てしまったようだ、とその時になって気づいた。

　コスラエ島に魅せられてコスラエ観光局で精力的に働く「コスラエ太郎」と呼ばれる村山達郎さんのおかげで「中村優がコスラエスープを習う」というのがコスラエ観光局の公式イベントとなり、私は観光局長であるグラントさんのお家でお世話になることに。グラントさんの母である当時72歳のミチコさんが、島で一番おいしいコスラエスープをつくるというのだ。

　コスラエは、ポンペイよりもさらに日本語の名前や名称が残っている様子。今は亡きミチコさんの旦那さんの名前はヒロシさん。お家の目の前に広がる美しい海にはダイバーたちが集まり、地図には、「ヒロシ・ポイント」と記されていた。満潮時は少し波が高いけれど、干潮時は穏やかで、子どもたちはえさのないお手製の釣り糸だけで器用に魚を釣ってくる。Wi-Fiはおろか電話も繋がらない場所で、熱帯の甘くねっとりとした植物の香りに囲まれ、空に散らばる無数の星を見て、波の音や鳥のさえずりに耳を傾け眠りにつき、ニワトリの雄叫びで目を覚ます。自然に身を預けていると、柄にもなくうっかりアウトドア好きになりそうで困る。

　まずはいつもにこにこしていてユーモアセンス抜群のグラントさんから「ウム」という伝統的な石蒸し料理を教わる。庭のアウトドア・キッチンで、石の上に火を熾す。火が落ち着いてきて熱々の石と炭状になった木片だけが残ったところに、半分にカットしたパンの実と、タロイモの茎を敷き詰めた上に載せたバナナ、そしてアルミで包んだ魚を並べる。バナナの葉を全体を覆うようにかぶせ、じっくり蒸し焼きに。あたりが暗くなって来た頃、葉を取り外すところをワクワクしながら見ていると、バナナが少し黒ずんだだけでほぼ変化のない状態の素材が現れ少々がっかりする。しかし、さすがは丁寧なスロークッキング、出来上がったパンの実のむっちりとなめらかな食感とバターのようなコクは、食べる人をとろけさせるほどの妖艶さを秘めていた。バナナも甘みが引き立ち病み付きになるし、魚は身がふっくらとジューシー。たとえ一瞬で食べ終えてさくっと席を離れてしまおうとも（食べ終わるのが早くて名残惜しくなるほど）、その余韻は私の中に残る。

　食後、グラントさんの奥さんであるケニェさんがウクレレを持って来て、聴いたことのない日本語の歌をミチコさんたちと歌ってくれた（何かの応援歌だったのだろうか、「ガンバーレ」と照れるほど何度も励ましてもらった）。

「ウム」は、昼から作り始めてもでき上がるのは日が暮れたころ。時間が掛かり過ぎるために作る人は少なくなった。ところで、乾燥させた若いココナッツの実の皮は着火材として重宝され、葉は編んで料理を載せる籠となる。

下／頂いたのは、マングローブ・クラブと「ファーファ」と呼ばれる伝統料理。一見シンプルなファーファは、選ばれし家のみが一子相伝でレシピを受け継ぐことができ、特別な日にしか提供してはいけないという神聖な料理だ。

"Japanese ladies"の立ち振る舞い

　朝、ニワトリの声で目を覚ますと、ミチコさんがちょうど掃き掃除を終え朝食をつくるところ。「BANANA TEMPURAを作るのよ」とapet fusus(アーペット フシュース)という種類のバナナにドウをつけて揚げる。ミクロネシアには、50種類以上のバナナがある。ドウは、小麦粉、砂糖、ココナッツミルクと水。テンプラというよりはフリットだが、バナナの甘さが引き立って美味！　ランチには庭で穫れた青パパイヤを醤油と砂糖で味付けした"SUKIYAKI"や、ライムでしめたマグロの"SASHIMI"など、ジャパニーズコスラエアンな食卓が現れた。ミチコさんは本当に手際がいい。

　旦那さんであるヒロシさんは副大統領だったため、彼と一緒に色んな国へと赴き、政府関係者に会ってきたミチコさんは英語もかなり流暢。考え方も柔軟で、「出会って4ヶ月で電撃結婚したのよ〜、うふふ」とチャーミングに話す。いつも、「私、働

くのがだーい好きなの」と言いながら楽しそうに掃除をし、ほとんど椅子に座ることなく常に何か仕事をし、たまに座ったと思うと聖書を読んでいる。その彼女が、尊敬して見習おうとしていたのは、"Japanese ladies"の立ち振る舞いだった。

　彼女が公務で出会う女性たちのなかでも、日本人女性はいつだってシャンッと背筋が伸びて綺麗好きで、旦那さんを立てておもてなし上手だった。「そんな素敵な精神を見習いたいの」。そう言われ、どきっとした。外国に居ると、「ちっこい日本人の女の子」というルックスは、良いこともあるけど不便なことも多い。強引なナンパや、からかわれること、好奇な目で見られることに辟易し、特にアメリカやスペインに留学していた時は、「ちっこい日本人だからって、なめんなよ」みたいな意地も大いにあった。でも、日本人女性のステレオタイプから離れて自由を求めた先に、私は「日本人らしくない」という型を作って自らを縛っていたことに気がついた。たしか

ミサの時間になると、教会は島の老若男女で溢れかえるほどになる。木漏れ日が美しい教会の静寂のなか響くミチコさんたちの歌は、トロピカルだけどどこかアジア系の馴染みのあるメロディーで耳に心地が良かった。

に、ばばハントを通じて出会った日本のばあちゃんや、それに憧れたミチコさんを保守的だとは感じない。そして何より、見た目や国籍なんかを超えて素晴らしい人間として存在するばあちゃんたちに会って、真の自由やアイデンティティは、必ずしも人から見える部分にあるのではないと腑に落ちた。それにしても、"Japanese ladies"としてのアイデンティティとの付き合い方を、ミクロネシアで教わることになるとは。

ミチコさんのコスラエスープ

　ミチコさんは、毎週日曜日に欠かさずお祈りに行く敬虔なクリスチャン。それだけではなく、教会を支える中心メンバーで、みんなの前で聖歌隊として歌ったりもしている。日曜日は安息日。その日は教会に行くだけで働かず、火を熾すことも良くないとされる。そこで、安息日には前日に仕込んだコスラエスープを飲むというのが、習

わし。各家庭でレシピや味が違うらしく、なかでも島で一番おいしいと紹介されたのが、ミチコさんのコスラエスープなのだ。

お米を洗って浸水。カツオは塩を少々入れて水から煮る（30cmくらいのサイズをぶつ切り）。別の鍋でおかゆを作り、少し煮たところでタマネギを入れて、またグツグツ。カツオの出汁をおかゆに投入し、身もほぐしながら入れる。ココナッツミルクを搾って塩味を調え、少し煮て出来上がり。

みんなが着ている教会用のドレスを貸してもらいミチコさんと一緒に教会に行った後、お待ちかねのコスラエスープの時間。「伝統的には、こうやって飲むのよ」と、スプーン等を使わずそのまますするミチコさん。そうやって私も飲んでみると、何とも優しく出汁も日本的で親しみが湧く、しみじみとしたおいしさ。ミチコさんを見ると、こういう信仰や習慣があるのも悪くないなと思う。

column
旅の準備

ばあちゃんの見つけ方

　ばあちゃんなら誰でもいいと思われている節があるけれど、タイプのばあちゃんがいるのかと聞かれれば答えは断然YESだ（未だ聞かれたことはないのだけれど）。タイプのばあちゃんに出会うのはそんなに簡単ではないが、最近だんだん出会いの精度が上がってきたのでそのコツを勝手に紹介したい。誰もがばあちゃんに会いたいわけではないとは思うけど、これはばあちゃんに限らず世界じゅうで「会いたい人に会う」ために応用可能な方法だと思う。

① 信頼している人に聞く、
　もしくは言葉が通じる人に会う

　まず、信頼している人に私好みのばあちゃんを知らないかと聞くのが一番精度が高い。信頼できる人がいない場合は、「言葉が通じる」人を探すのだ。それは単に言語のことではなく、言いたいことをなんとなくわかってくれるような同じメンタリティの人ということ。そういう人たちの家族や親しいコミュニティには、自分にとって心地いい人が集中している可能性が高い。例えば私の場合は、Artisan、Organic、Homemade、Traditionalなどがキーワードになりやすく、そのワードがある場に行くと道が開ける。

② 自分の中でしっくりくる
　言葉を見つける

私の場合、キーワードはいつも「80歳以上の、料理上手でロックなばあちゃん」。私がイメージするばあちゃんと、人がその言葉を聞いてイメージするばあちゃんは多分違うけれど、少なくともその言葉を聞いて閉じこもり屋さんや弱音ばかり吐くばあちゃんが出て来ることはまずない。私はメンタル面の話をしているのだけれど、料理上手という時点でフィジカルに丈夫な人が多分出てくるし、80歳というのはひとつの指標で、戦争を越えて何もないところから何かを生み出してきた人たちは最高にクリエイティブだから、基本的にその時点で80％私が会いたいばあちゃんだ。

③ どうしても会いたいのだという
　パッションを伝える

パッションは、結果に影響する。会いたいのはこんな感じのばあちゃんだって具体的に、しかも最大のパッションを持って伝えると、必ず会えるのだ。特に私のように表情で会話をする人は、人を介することでパッションが薄まってしまうので、会って話さなければ話が進まないことがほとんどなのだけれど。

　そうして見つかる"タイプ"なばあちゃんは、大変な経験もカラッと話してくれるし、どんな場所でも時代でも生きられるサバイバル力を持ち合わせている。しかも、チャーミングで人を懐にするりと入れてしまえる余裕がある。そして何より、シワが驚くほど美しいのだ。

Chapter 3

人生、
煮るなり 焼くなり

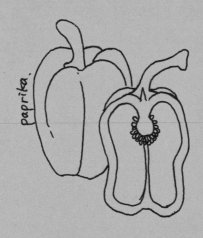

My seasoning, my dish

私の味付け、私の料理

マノリータの
カルドガジェゴ
in A Coruña

特有の文化を持つガリシアでは、海賊たちの伝説や魔女の伝説が未だに残っていて、このケイマーダも、昔は魔女や魔物を追い出すための儀式だったとか。ケイマーダにはオルホの他に、砂糖、レモンの皮やフルーツ、そしてコーヒー豆が入っている。

簡単にたどり着いた「地の果て」

スペインに少し住んでいた学生時代にパウロ・コエーリョの『星の巡礼』を読んで以来、その存在が気になっていた"El Camino de Santiago"。サンティアゴ巡礼という、四国のお遍路さんのスペイン版のようなものなのだが、とうとうその場所を（残念ながら歩いてではなく、フライトで）訪れる時が来た。今回スペインに来る前、西川治さんという料理にも文章にも、そして絵にも長けた多才な写真家さんとお会いした。76歳の彼は、まだ飛行機で海外旅行に行く人がほとんど居なかった時代に、多くの国をまわり、ビビッドな現地の感覚をロマンある言葉で綴った著書を何冊も出していた。

スペインでいつも通りゼロから食材ハントを始めたけれど、言葉が話せたり土地勘が多少あることもあり、とびきりおいしくてストーリーフルなものが思いの外サクサク見つかってしまい、嬉しい反面、少し拍子抜けしていた。うまくいきすぎて悶々とするなんて、人間は意外とややこしい。

たどり着いたガリシアはスペインの中でも交通の便が悪く、古代ローマ時代から「地の果て」と呼ばれていた場所。雨が多く、寒くて暗い。人間が進入困難な山並みは雄大な自然をそのままに、独特の伝統や習慣を形成し、芸術家も多く輩出している。雰囲気が、（行ったことないけど）どことなくアイルランドっぽいと思って調べてみると、どうやらここも自然崇拝のケルト人たちが開拓した地であった。でも、「地の果て」にだって今では飛行機も電車も安く頻繁にあり、サクッと来られてしまうし、情報だってもちろんある。この、誰もが世界に出られて何でも知れる時代に、ロマンのかけらもない能天気な私がここまで来て、一体誰に何を伝えようというのだろう。この時代における旅や書くことの意味を、私はずっと考えていた。

根暗なスペイン

ガリシアの北、海沿いの町アコルーニャへ。活気のある巨大な市場を訪れ、友人であるサイモンのオフィスでガリシア特有の食材をつまみ食い。「ガリシアの音楽を聴かせてあげるよ」とサイモンが曲を再生すると、バグパイプに似た音のガイタという名の楽器が演奏され始めた。楽しかった車内が一気に悲しげなムードになるような音楽だった。ガリシア語は聞き慣れたスペイン語と全く異なり、若い人の話すガリシア語なまりのスペイン語も、歌うように流れるそのリズムに聞き入ってしまって、内容を理解するのが少し遅れる。

お昼はサイモンのお母さんのご飯を頂き、夜は奥さんの実家で私が日本食もどきを振る舞った。食後には、Queimada（ケイマーダ）という、ワインを造った後のブドウの皮を蒸留したお酒であるOrujo（オルホ）を素焼きの器に入れ、火をつけ、呪文を唱えながら火が消えるまでかき混ぜてみんなで飲むという、飲み物というより儀式が振る舞われた。

青い炎と歌うような呪文は神秘的で、ただただ底抜けに明るいと思っていたスペインのちょっと根暗な部分を知り、この国がもっと好きになった。インスタントに取得できる情報には表れない空気感や、その時の年齢や状態で感じる新鮮な驚きは、何よりも説得力がある真実だと改めて思った。

ラードは、30分くらい煮込んだ時点で先に取り出す。「普通は取り出さないんだけど、こうすると優しい仕上がりになるの」。マノリータは、私が構えていたカメラに顔がぶつかるくらい近づいて一生懸命話してくれる。ちなみに、最後に取り出したその他のお肉はサンドイッチの具にするそう。

マノリータのカルドガジェゴ

　サイモンのばあちゃんマノリータに会いに来た。綺麗に整えた部屋で写真を見せながら、あれこれとたくさんの話をしてくれた。とても上品な86歳。仲睦まじいおじいちゃんレオは93歳。レオが軍隊にいたので、駐在のため家族全員でアフリカに3年ほど住んでいたこともあるそう。「アフリカはどうだった？」とマノリータに聞くと、「家族がいれば、どこに住むのも楽しかったわよ」と、にっこり。レオの長生きの秘訣はやっぱりばあちゃんの料理で、特に玉ねぎを毎日食べるのが良いらしい。「長く一緒にいるともちろんいろいろあるんだけど、お互いへの上手な接し方がわかってくるの。感覚的な私の話は、論理的なレオの意見と未だにいつも食い違うけどね。それでも楽しいわよ」と話し続ける。

　マノリータはこの日、ガリシアが貧しかった時代から今に至るまで毎日食しているという、日本でいう味噌汁のような存在の「Caldo gallego(カルドガジェゴ)」を作ってくれた。

　鶏ももとスペアリブと塩漬け豚と少しのラードを入れてグツグツ煮ること20～30分。薄くスライスしたポテトを入れ、塩とGrelos(グレロス)というこの土地特有の菜の花や大根の葉に似た味の葉ものを入れ、別に

　煮ておいた豆も入れて、さらに20分くらい煮て出来上がり。お肉は取り出してしまって、そのスープを頂くのだ。たくさん作って、2日目も3日目も温め直して食べる。日が経った方がコクが出ておいしい。どうやら、ポテトをフォークで崩しながら頂くのがこちら流。貧しい土地でもお腹にたまり、体を温めるこのスープは、さぞかし重宝されたのだろう。味付けはシンプルだけど、お肉のコクが絶妙。出汁を飲む感覚は、日本と似ている。
　ばばハントを始めた当初、レシピを教えて欲しいと言うと出てくるのは決まってハレの日のレシピだった。確かにちょっと色が多くて写真映えしそうなんだけれど、仲良くならないと教えてくれない驚くほど地味な色合いで構成された日常のレシピにこそ、おいしさや知恵が詰まっているとわかってきた。そして、こういった料理は現地に赴き味わってみることで初めてその良さを深く理解することができる。同じ本でも読む年齢や人生のタイミングが違うと全く違う印象を受けたり新しい発見があるように、遅いとか早いとかじゃなく、人からどう見えるかでもなく、その時々の自分が正面から出会い、向き合い、昇華した表現が自分にとってのリアルな表現なのかもしれない。

Unique ingredients
for the feast
ご馳走の素材は？

ルスダンさんの
謎の料理
in Tbilisi

東へ！

　南コーカサス地方に位置し、黒海に面した小さな国、ジョージア。食材探しでこの国に行くと決めてから2週間後の出発という、相変わらずドタバタノープラン。まず、降り立った首都トビリシで出会ったロシア語しか話さないママに、マーケットに連れて行ってもらうことに。しかしまあ、本当に言葉が通じなくて困った。

　実は私には、年に数回、ものすごくエネルギーに溢れ調子が良く爆走する期間がある。この時もそうだった。怖いものも悩みもなくなり、とにかく突っ走る。「40 creations」という世の中に良いシワを生み出すことを目標に（？）掲げたチームを立ち上げて少し経ってからの話。こういう時こそ注意が必要だけれど、それを無視して突っ走ってしまうのが私であるから仕方ない。こういう状態の時は、ひとつボタンを掛け違えるとなかなか取り返しがつかなくなるのも特徴だ。この時も相変わらず人には恵まれていたはずなのに、なんだか出会う人たちとのやりとりがちぐはぐで手がかりも無いまま、私はとりあえずワイン産地の中でも特に有名らしいと聞いたKakheti（カヘティ）地方を目指し、東へと向かっていた。

　実は、ジョージアはワイン発祥の地であり、その歴史は約8000年ほど遡ると言われている。2013年に世界遺産に登録された最古のワイン醸造法は、土の中に埋めてあるQvevri（クヴェヴリ）という卵形の粘土製の壺で、皮や種なども一緒に入れて自然発酵をさせるというもの。ブドウの品種もなんとジョージアだけで500種類以上が存在するのだそう！ いくつかのお家を訪れた時に出会った土間に埋められたクヴェヴリのなかで、庭に無造作になるブドウを使って造られるワインはやはりおいしかった。ワインも昔は、どぶろくみたいに色んな家庭で造られていたんだろう。

　東へ向かうタクシーのドライバーと難解なお金交渉の末、通じていないであろう会話を続けていると、目の前にブドウを積んだトラックが現れはじめた。ブドウの町に近づいてきたみたい。少し賑わいが見えて

きた場所で、「ランチ、行こうぜ！」みたいなジェスチャーをしてドライバーは車を停めた。妙なところで降ろされたらどうしようかと不安に思っていると、どうやらその日は収穫祭！ みんな、食べて飲んで歌って踊って。ふと隣を見ると、なぜかドライバーの家族がそこにいて、家族でお祭りを楽しむことに。自分たちが造っているワイン、味つけは塩のみなのに味わい深い豚やチキンを恵んでくれて、ドレスアップした男性たちが美しくハモるポリフォニーまで披露してくれた。

「シェルター」を意味する言葉から名がついたSignagi（シグナギ）は、周囲をぐるっと城壁に囲まれた人口2000人程度のこぢんまりとした美しい町。そして、さすがワインの地、町じゅういたるところにブドウがたわわに実っている。走り出したくなるほどの快晴だったから、早起きして出かけた。「ガーマルチョーバ！（こんにちは）」と覚えたてのあいさつをする。すると、とてつもなくフォトジェニックなばあちゃんが、にぱっと笑って手招きしてくれた。

警戒心もなくするっと家に入れちゃう土地は久しぶりで、少し戸惑う。近所のお家では、2人のばあちゃんたちがジョージアの名物スイーツ「チュチェラ」を作っていた。ローストしたくるみやヘーゼルナッツを糸に通し、ブドウのジュースを煮詰めたものと小麦粉とを合わせてもったりさせた生地をたっぷりつけて6日間陰干し。ブドウの種類によって色が変わり、粉の配合やジュースをどの程度煮詰めるかによっても味や出来映えが変わってくる。この後にも数軒のばあちゃんのもとを訪れるも、この2人が作っているものが甘さも上品で粉の割合も少なく素材本来のリッチな味わいがして格別だった。芋虫形のクリエイティブジョージアンスニッカーズだ。

最近まで「グルジア」の名で親しまれていたこの国は、1991年にソビエト連邦から独立して以来ロシア語由来のその呼称変更を求め、日本では2015年4月にやっと「ジョージア」へ変更が決定した。古くから数々の征服を受けたり民族の流入も激しかったこのエリアの歴史は、調べだすときりがなくなりそうなほど興味深い。キリスト教を国教として認めた最古のキリスト教国のひとつであり、国の中に驚くほど教会が多い。

乾杯

　東で仲良くなったロシア人の女の子たちとタクシードライバーに連れられて、Google Mapsで4時間の道のりを、たくさんの教会や羊たちに挨拶しながら12時間かけてやってきた北の国境付近の町、Kazbegi。標高もぐっと上がり、シグナギで25度あった気温が一気に3度まで下がる。Tシャツしか持ってなくて、持っている服全部着ても震え、見るもの全て教会だし、おまけに温泉だと言って連れていかれた場所はただの凍えるプールだった。

　本当に思い通りになんていかないことばかりだ。だけど、壮大すぎる自然も相俟って「人間なんてちっぽけな存在なんだから、なんでも計画すれば叶うなんて思うなってことかな」と、悟りの境地に突入し、傲慢な心はやっと砕かれ全てを受け入れる余裕が生まれた。

　宿は、ひょんなことからドライバーの親戚のお家に。どういうわけか、この国のタクシードライバーはいたるところに家族や親戚がいるようなのだ。庭で飼っている牛からミルクを搾り、チーズとマツォーニと呼ばれるヨーグルトのようなものを作る。「何にもなくてごめんねー」なんて言いながら、ちょっとゆるめのパン生地を捏ねて、そこにマッシュポテトと作り立てのチーズと塩を混ぜて入れ、平たくのしてフライパンで焼く。外はさっくり、中はホックリのハビジニと呼ばれる円いパイが出来

　上がった。夏に穫れたトマトを塩漬けにしたものや万願寺唐辛子のようなピーマンをピクルスにしたものなども一緒に並び、「ありものでごめんね」と出された料理は、大冒険のあとの体に染み込んでいった。
　ジョージアの人たちはワインを飲む時、何度でも何度でも乾杯する。わいわいしていてもひとりがふと立ち上がると、みんなしんとする。神に乾杯の言葉を捧げ、そしてその後、ある時は友情に、ある時は愛情に、そして故郷に……。それぞれの言葉を紡いで、全員にグラスをあわせる。乾杯の言葉もワインも、尽きることは無い。私はこの乾杯に、人生は無理にコントロールしようとしてはいけない、何のせいにもせず全て受け入れて楽しもうと誓った。

羊飼いのおっちゃんは、なんと私たちが目指す町から来て出発した町に行くと言う！どれくらいかけて来たのか尋ねたら、「んー、5日くらいかな」とさらり。なんて非効率的なんだと思ったものの、羊は適度な運動をしながら野生の草を食べて幸せそうにしているし、心が広い羊飼いのもとでおいしいお肉になりそうだ。

珍しいスパイスをこれでもかというほどふんだんに使うため、他の国ではなかなか再現が難しいかもしれない。

謎の料理

　44年間産婦人科医として働き続け、ご飯も小物も何でも手作りできてしまう、手先が器用でとってもお料理上手なルスダンさんから習った「謎の料理」。その名も無き料理をひとくち食べると、みんな「とってもおいしい。でも、これはチキン？ 魚？ それともきのこ……？」と、何が入っているのか当てられないのだという。

　ソ連時代、ジョージアの首都トビリシで生まれ、ウクライナの産婦人科の学校を卒業した後トビリシに戻ったルスダンさん。お母さんの同僚で工業大学で先生をしていた旦那さんとトビリシで出会った。「ワーオ、そんなこと聞かれると思わなかった」と言いながら、1ヶ月半で電撃結婚した話を楽しそうにしてくれる。当時の国の制度で、卒業後は勤務地が割り振られるため、本当はウクライナで産婦人科医の職に就くことが決まっていた。しかし、「結婚したおかげでトビリシで働くことができたから、ラッキーだったわ」と言う。

　お姑さんはジョージアの西の方のImereti（イメレティ）エリアの出身で、彼女がイベントや集まりのときなどに作ってくれたのがこの謎の料理。ルスダンさん曰く、「私はお姑さんに習ったけれど、ジョージアの人たちでもほとんどの人たちが知らなくて、いつ誰が作り始めたのかも、謎なのよね」。

　作り方は、卵にフェンネルやナツメグ、コリアンダーパウダー、コンダリ（セイボリー）、マリーゴールド粉や砕いたクルミ、塩コショウを入れて混ぜ、スポンジ状にな

るよう弱火でじっくり、ふわっと焼く(固めのスフレのような感じ)。そう、実はその「謎の料理」の正体は卵。スフレをひとくち大くらいにざくざくとナイフで崩し、ランダムな形に焼き上げる。そのくすんだ見た目はチキンのように見えるし、高野豆腐のような食感で確かに卵とは思えない。そして、スープは砕いたクルミに「人肌くらいまで待たなきゃだめよ」と言いながらお湯を注ぎ、コリアンダーパウダー、シナモン、フェンネル、生パクチー、ニンニク、塩コショウ、レモン、白ワインビネガーを入れてグルグル混ぜる。ルスダンさんは「本当は、翌日の方が味が染み込んでおいしいのよ」とウインク。

確かにおいしくて、どこかほっとする優しい味付けだけれど、さすがにものすごい種類のスパイスが入っているが故、複雑な味が想像力をかき立ててとっても面白い。私もイベントでサーブしたところ、誰も正解を当てることができなかった。

料理とワインを囲み親戚や友人が集う場をとっても大切にするジョージアの人々だから、食事を振る舞う機会も多い。ルスダンさんのお姑さんのお家も、よく人が集まるお家だったのだそう。そんな時、お肉や魚をどんと使ってもてなすのもひとつだけれど、毎回はそんなこともしていられない。この「謎の料理」なら、特別高価な材料を使っているわけではないけれど、テーブルに載せることでとびきりの笑顔と会話と楽しさをもたらしてくれる。お姑さんからルスダンさんへと受け継がれている工夫や想いがたくさん詰まった紛れもないご馳走だ。

Soy sauce and smile under the war
戦火の下の醤油と笑顔

達子さんの
小煮しめ
in Fukui

福井の女性たち

　都道府県幸福度ランキングの第1位*に輝いているという福井県。数々の指標のなかで「女性の労働力人口比率」というものも1位になっていたのだが、確かに私が出会う福井県の女性たちはみんな、明るくよく働いているのが印象的だ。珍しく雪がない市内の年末に出会った「山さきや」の達子さんもその代表格。山さきやは300年続くお醤油屋で、江戸時代のお殿様が猟の帰りにこの店の前を通り、とてもいい醤油だと気に入って「たま醤油」と名付けたのだそう。それ以来、たま醤油の名で街の人たちから愛されている。お嫁さんのみどりさんだって、ほとんど座っているのを見たことがない。それでも、「福井の女の人たちにとってはこれが普通なのよ〜」と言って笑う。

※「全47都道府県幸福度ランキング」日本総合研究所（平成14年度）

気迫を帯びた人生

　85歳になる達子さんの旦那さんであり山さきやの会長である俊廣さんは、92歳！話を聞いていると、戦争の話になった。俊廣さんが福井から出てきて川崎の工場で働くことになった20歳の3月、東京は大空襲に見舞われた。5月には横浜の空襲を間近で経験。そして、実家に帰れという号令で福井に戻り1週間ゆっくりしていたら、

7月には福井で大空襲を経験することになった。「こんな小さいところにB-29が120機来て、焼夷弾落としたんだ」。あたりは一面焼け野原。家族4人はなんとか川に逃げ込んだけど、水の上には火が流れていた。何時間も川に潜り、過ぎ去るのを待った。夜明けに街へ戻ると、レンガ色に焼けた土は歩けないほど熱く、そこらじゅうに死体が転がっていた。

「その時、地表のものは全部焼けてしまっても土の10cm下にあるものは焼けずに残るっていうことを知ったんだ」。それにより俊廣さんは、床の下に未使用の醤油タンクを入れ、その中にお米や家財道具、もろみを入れて、10cmほど土をかぶせたのだそう。「それでうちのもろみは助かってね。

お米と交換で工場を建てて、すぐに商売を再開できたんだ」。

しかし、空襲から3年、やっと家業が軌道にのった頃、今度は福井地震でまた建物が焼けてしまった。「でも、その時ももろみは助かった。焼けた後、その晩からトタンで小屋のようなものを建てて、もろみと一緒に寝てたんだ。あ、そうそう、うちはご飯を鉄のおかまで炊いてたんだけど、翌朝のために仕込んであった米が火事で炊けてたわ。埃も入らず綺麗なご飯が」と俊廣さんが笑うと、達子さんも、「落語のネタやな」と一緒に笑い飛ばす。

こんなにも力強く300年守られてきた山さきやだが、俊廣さんは47歳の時、突然病に倒れた。医者からは余命宣告を受け

高校を卒業して以来40年以上「山さきや」で働く職人さん。達子さんは彼のことを家族のようだと言い、「今でもいつも私に、「奥さん、醤油ほど面白いものはないなぁ」って言ってくださるんですよ」と話す。

　た。借金もあったし、醤油屋はこれでやめようという話になった。その時、「私はやります。諦めたらダメ。考え方ひとつで状況は変わるから、絶対に大丈夫」と言って続けたのは、達子さんだったのだそう。

　2人は、持ちビルの一角を焼き鳥屋さんに無料で貸し、その店で使う醤油を造り始めた。するとその焼き鳥屋さんが大繁盛。現在は国内外に100店舗以上も支店を持つ大きなお店へと成長を遂げた。「それでもね、そこのお醤油を開発するまでに10年も掛かったの。『誰にも出来ない、達子さんだけしか造れない醤油を造ってくれ』と言われて造り続けた。とてもこだわりの強い方で、微妙な塩分の違いや色の違いで、もう10回以上は土下座ついて謝ったかしら。うふふ。でも、そんなことがあったからこそ、今があるのね」と話す。私たちはこんなに恵まれた時代に、くよくよ悩んでなどいられない。どんな状況だって自分にしかできない仕事をつくることはできるし、何に対しても言い訳などできないなと思う。

達子さんの小煮しめ

　今回達子さんに作ってもらったのは、山さきやさんで昔からお正月に作られていたという「小煮しめ」。どうやら、その切り方に特徴があるらしい。
　「人参も1.5cm、揚げさんも1.5cm。ぜーんぶ1.5cmに小さく切って煮しめを作るようにと、代々受け継がれてきたの」。材料は、人参、大根、揚げ、こんにゃく、椎茸、筍、こんぶ、里芋。これを全部1.5cm角に切って煮るのだ。大事なのは、くずれやすい里芋は必ず最後に入れること。大きな両手鍋に溢れんばかりに刻んだ素材を順に入れる。「ちょっとずつ大きくなっちゃったりして、1.5cmに揃えるのが案外難しいの」。達子さんは、そう言いながら酒やみりん、砂糖、醤油などで味付けをして煮て、上下をひっくり返すように両手鍋を振る。
　1.5cmの理由は、「見た目に綺麗だし、少しずつつまんで食べなきゃいけないからお腹が膨れやすく、食べ過ぎないだろうという商売人の家の知恵だろうね」。出来上がったお重に詰まった小煮しめは、宝石箱のように華やかで上品。しっかり味が染みた一つひとつを箸でつまんで頂くのもなんだか粋に見えた。
　ところで、達子さんと俊廣さんはどこへ行くにも一緒。羨ましく思って、「仲いいですよね〜」と言うと、「お医者さんに、旦那さんは明日死ぬかもしれないって言われて、どこかで倒れていては困ると思っていつも後をついて歩いてたから、ずっと一緒だったのよ。ありがたいことに、90歳になっても元気ですけどね」。
　達子さんの笑顔は、女優のようにパッと華やぐカッコイイ笑顔。どんな困難な時にも、目の前にいる相手の背中を押すことができるようなカッコイイ笑顔。それはきっと、不測の事態が起きたって諦めないという覚悟の上にあるもの。あんなふうに笑うには、自分の覚悟がなにより必要だと思った。

お鍋いっぱいにたっぷりと作られた小煮しめは、混ぜるのがひと苦労。ぐるぐるとかき混ぜて形を崩してしまわないよう、丁寧に、しかし思い切りよく鍋を振って中身をひっくり返す。力もバランス感覚も必要なので、今はお嫁さんのみどりさんが担当する。

column
旅の準備

スーツケースの中には

私のスーツケースは、意外と小さめ。そこに詰め込むのは、限られた旅の荷物。必ず持って行くのは、こんなもの。

- パスポート
- 国際免許証（田舎は運転必須）
- クレジットカード
  （使えない、もしくは使わない方がいい国もあるので要注意）
- USドル
  （日本円からは換金できない国もあるので、何かあったときのために100ドルくらいは少なくとも余分に入っている）
- 無印良品首枕
  （口で空気を入れて膨らませるタイプ／飛行機内用）
- マスク（飛行機内用）
- カメラ
  （5年は使い続けている古い一眼。レンズは単焦点ひとつだけ）
- パソコン（MacBook Air）
- 外付けハードディスク
- 充電器類やマルチプラグ、イヤホン
  （Skype用）
- SIMフリースマートフォン
  （現地の人でも使えるように基本設定は英語に。Google Mapsで道を示してもらったりするとき、マップが日本語だと分かりづらいので英語設定に。SIMを入れ替えてお店の人に設定してもらうときにも英語じゃないとスムーズにいかない）
- ちょっといいレストランへ行くための靴と服
  （いつもは薄っぺらい服を着ているけど、いざ地元で人気のレストランをチェックしたりディナーに招待されたりした場合に恥ずかしくないものを）
- カシミアのストール
  （暑い地域でも、冷房が強いことがある。カシミアは軽くて暖かい）
- 手土産
  （「お礼に何か」という時のために6つは詰めている。保存が利くもの。最初の土地で見つけたおいしいものを次の土地で渡して、またその土地で手土産を見つけたりと、スーツケースのなかの"手土産コーナー"は入れ替わり制になっている。右の写真は、ちょうどバンコクからオーストリアへ飛び、生産者やばあちゃんの家を回っている途中のスーツケースの中身）

A どの国でも使えるプラグ　B 何かあったとき用の靴・鞄　C 国際免許証　D 枕　E【お土産】タイで一番老舗の発酵ソーセージ工場で買った「ネーム」　F【お土産】ペナンの生産者から買った生ナツメグで私が作ったジャム　G【お土産】タイの生産者から買ったピュアパームシュガー　H【お土産】「キッチンわたりがらす」で譲ってもらった羅臼昆布　I【お土産と交換】ばあちゃんがくれたプラムジャム　J【生産者から購入】ワイナリーが営む食堂で買ったジャム　K【生産者から購入】アーティなワイナリー「Moritz」のチョコレートとワイン　L【生産者から購入】ワイナリー「Ernst Triebaumer」のワイン　M【購入】お気に入りのレストランで譲ってもらったこだわりのマスタード　N【購入】市場で気に入った超おいしいピスタチオ　O エプロン　P ストール　Q 何かあったとき用のドレス

手土産は自分で訪れて気に入ったものを。このとき手土産に持って行ったのは、タイ南部で訪れた生産者のピュアパームシュガー。「キャラメルみたい！」と喜ばれた。他にもタイ北部の発酵ソーセージ「ネーム」や、ペナンで仕入れた生ナツメグで作った自家製ナツメグジャムや、羅臼昆布など。私が会うのは料理好きが多いから、いい食材は国境を超えて喜ばれる。ばあちゃんが集まる場所を訪ねる際は、みんなで食べられるようなお菓子を。実験好きなばあちゃんにスリランカから持ち帰ったカレーパウダーを渡してみたら、想像以上に喜ばれたことも。

Hello

2013. 12.20_1.5 ハワイ（オワフ、ハワイ、カウアイ）1.5_11 東京 1.12_20 岐阜、名古屋 1.21_2.5 東京 2.6_11 名古屋 2.12_15 京都 2.16_24 岐阜、名古屋 2.25_3.10 東京 3.11_12 岐阜、名古屋 3.13_17 マレーシア KL 3.17_24 ベトナム Ho Chi Minh 3.24_27 タイ BKK 3.27_31 マレーシア KL 3.31_4.1 カンボジア 4.1_4.2 マレーシア KL 4.2_4.4 シンガポール 4.4_東京 5.15_24 徳島神山町、高松、小豆島 5.25 岐阜 5.26_6.14 東京 6.14_20 京都、神戸 6.20 岐阜 6.21_7.3 東京 7.3_12 台湾（台北、台南、高雄）7.12_14 マレーシア KL 7.14_31 東京 8.1_6 岐阜、名古屋 8.6_11 東京 8.11_17 福岡、小倉、尾道 8.18_22 岐阜、名古屋 8.22_9.1 東京 9.1_2 栃木 9.3_6 東京 9.7_11 フランス（パリ、アンジュ）9.12_20 クロアチア 9.21_26 バルセロナ 9.27_30 バニュルス 10.1_8 マドリー 10.9_11 東京 10.11_15 岐阜 10.15_25 東京 10.25_27 いわき 10.27_11.5 東京 11.5_8 岐阜 11.8_12 秋田（秋田市、五城目町）11.12_22 東京 11.22_25 小豆島 11.26_27 福島、三陸 11.28_12.18 東京 12.18_21 岐阜 12.22_23 豊島 12.23_25 東京 12.25_28 小豆島
Total area: 989,292.47 km² (381,967.96 mi²)　Total distance: 62,551.23 km (38,867.53 mi)

2014. 12.28_1.6 名古屋、岐阜 1.6_1.24 東京 1.24_2.1 名古屋、岐阜 2.1 東京 2.2_4 群馬 2.4_24 東京 2.25_27 福島 2.28_3.2 東京 3.3_5 飛騨 3.6_10 東京 3.11_4.3 スペイン（マドリー、バヤドリッド、パレンシア、ブルゴス、サモラ、サラマンカ、トルデシリャス、サンセバスチャン、バルセロナ、パリ）4.4_5 東京 4.6_8 小豆島 4.9_25 東京 4.26_28 綾町 4.29_30 上毛 4.31_5.1 芸北 5.2_11 東京 5.12_25 アメリカ（モントレー、サンフランシスコ、ポートランド、シアトル）5.25_6.4 東京 6.5_12 名古屋、飛騨、名古屋 6.12_22 東京 6.22_26 気仙沼、唐桑 6.26_7.14 東京 7.15_19 山形（鶴岡、大石田）7.20_27 東京 7.28_31 滋賀 8.1_4 名古屋 8.4_7 東京 8.8_12 尾鷲 8.12_18 岐阜 8.18_21 陸前高田 8.21_26 東京 8.27_9.5 小豆島、神山 9.5_23 東京 9.23_24 福島（いわき、猪苗代）9.25 東京

world!

9.26 栃木 9.27_30 東京 10.1_6 台湾（台北、高雄、美濃）10.7 真鶴 10.8_16 東京 10.17_20 小豆島 10.20_26 東京 10.27 仙台 10.28_11.5 東京 11.6_12 スリランカ（コロンボ、キャンディ、ナーワラピティヤ）11.13_17 東京 11.18_24 白川、郡上、岐阜、一宮、碧南 11.25_26 東京 11.27_30 小豆島 12.1_8 東京 12.9_11 白川、石徹白 12.12_25 東京 12.25_27 山形（大石田）12.28_30 東京
Total area: 4,009,470.01 km² (1,548,065.02 mi²)　Total distance: 75,697.93 km (47,036.52 mi)

2015. 12.31_1.4 岐阜、石徹白、名古屋 1.5_8 福岡、柳川、星野村 1.8_17 東京 1.17_19 小豆島 1.20 岐阜 1.21_22 東京 1.23 大阪 1.24_2.9 東京 2.9_10 能登 2.11_16 東京 2.16_25 ミクロネシア（ポンペイ、コスラエ）2.25_3.13 東京 3.13_16 新潟 3.17 東京 3.18_22 高松、小豆島、神山 3.22_28 東京 3.28_29 真鶴 3.30_4.4 東京 4.5_8 香港 4.9_14 東京 4.15_16 豊島 4.17_20 東京 4.21_23 名古屋 4.23_27 福岡、熊本、椎葉村 4.27_28 瑞浪 4.29_5.5 東京 5.5_6 豊島 5.7_11 京都、大阪 5.12_20 東京、新島 5.20_22 秋田（五城目町、小坂町）5.23_25 東京 5.26_6.7（マドリー、シグエンサ、ブルゴス、ラレド、ラコルーニャ、マドリー）6.8 東京 6.9_11 秋田（小坂町）6.12_26 東京 6.27_28 能登 6.29_7.8 東京 7.9_10 山梨 7.11_13 高雄、台東 7.14_22 東京 7.23_26 高松、京都、大阪 7.28_8.5 東京 8.6_10 秋田、青森 8.11_13 東京 8.14_18 岐阜、名古屋、長野 8.19_9.6 東京 9.7_8 高松 9.9_24 東京 9.25_26 福岡、名古屋 9.27_29 東京 9.30_10.10 グルジア（トビリシ、シグナギ、カズベギ）10.11_21 東京 10.22_23 帯広 10.23_27 岐阜、尾鷲 10.28_11.1 東京 11.2 岐阜 11.3_17 東京 11.18_21 鹿児島 11.22_29 東京 11.29_12.1 高松 12.1_9 東京、軽井沢 12.10_16 名古屋、尾鷲 12.17_26 東京 12.27_28 福岡、熊本 12.28 東京 12.29 名古屋 12.30_31 福井
Total area: 2,505,981.40 km² (967,564.83 mi²)　Total distance: 84,448.56 km (52,473.91 mi)

Chapter 4

お腹を満たすのは
好きな人

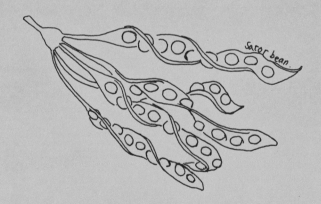

Tastier than ordinary

普通よりちょっとおいしい

富珠さんの
炒米粉(フーチュウ)
in Takao

美しき変動の島

　1月の台湾。他の候補者に圧倒的な差をつけて、初の女性大統領が誕生した歴史的瞬間に、私は偶然、南の港町・高雄にいた。期日前投票などの制度もなく、自身の住民票のある場所にいない際には郵便などで投票することができないにもかかわらず、投票率は約66%。多くの若者も参加し、私の友人たちも「歴史的な年になるだろう」と沸き立っていた。

　九州程度の大きさでありながら、色々な民族や原住民がそれぞれの言語を使って生きている。そんな多様性で成り立つ台湾で悩みながらもアクションする同年代の仲間たちを訪ねて、私はしょっちゅう高雄に足を運んでいる。高雄は都会だけど、少し足を延ばせばたくさんの自然と異文化、そして古きと新しきに出会える土地だ。

　かつて「美麗島」と呼ばれたこの小さく美しい島を巡り、ポルトガル、オランダ、スペイン、日本などが奪い合い統治してきた。しかし、1949年、60万人の兵士を含む150万人の中国国民党員が中国本土から島に流れ込み、この時から台湾海峡をはさんで中華人民共和国と中華民国が対峙する関係が形成され、双方が別の立場で「ひとつの中国」論を展開した。海外では自分たちを「Taiwanese」と表現する台湾の友人たちはその実、北京語を話し、中国の地理・歴史を国の歴史として習っており、オリンピックでも「Chinese Taipei」としてしか出場できないなど、アイデンティティクライシスに直面しているのだと言う。

ゲストハウス「叁捌（サンバー）3080s」には、ばあちゃんが生まれた1930年代と、彼が生まれた1980年代を繋ぐ思い出の品々が置かれ、時の厚みを感じさせてくれる。町やビジネスが変容を遂げていったその時代のなかで、ばあちゃんはウエディングビジネスに没頭した。

ばあちゃんじゃなきゃだめなの

　高雄には、食や手仕事に関心が高く自分のパッションに従って生きている仲間が何人かいる。そのなかでも、長い付き合いなのが、ダニエルだ。3年前だっただろうか、当時ホテルコンサルタントとして働いていた彼は、初めて会う私に「ウエディングドレスビジネスを創業した祖母が住居兼事務所として使っていたビルをリノベーションして、ゲストハウスを作ろうと思っているんだ」と話し、そのビルへと案内してくれた。そして彼は、その建物をただリノベーションするだけではなく、この地区の変遷や光や風を感じさせる建築へと変身させた。そのために、この地区の歴史や物語、人々の生活を丁寧に調べてきた。

　ダニエルのおばあさんがスタートさせたウエディングドレスビジネスは、国内需要の減少に伴って、国外輸出に軸をシフトし、現在も娘たちに受け継がれている。国外のお客さんも頻繁に高雄に立ち寄る。

　ダニエル一家の物語は、敏腕なおばあさんの陰で家族を支えた大おばさんの存在なしには語れない。それが、孫たちからはキンバーの愛称で呼ばれる潘富珠（パン・フーチュウ）さん。ダニエルのおばあさんの弟の奥さんにあたる女性である。富珠ばあちゃんのご飯を食べたい家族が全員揃って今でも毎日食卓を囲み、ランチをするのだそう。ダニエルや兄のディオが小さい頃、忙しかった両親や祖母に代わって彼らの面倒を見ていたのが富珠ばあちゃん。でも、ばあちゃん自身は「私は、旅行が大好きで、毎日子守りをしたりご飯を作ったりするつもりなんてなかったのよ」と言う。それでも、家族全員の懇願により、毎日昼も夜も家族のためにご飯を作り、次々と孫たちを育てあげていった。孫たちに話を聞くと、「キンバーが『親族に会いにアメリカに1ヶ月行ってくる』といきなり言い出したときは、1ヶ月もキンバーのご飯が食べられないなんて無理‼と

必死で止めて2週間に縮めてもらったよ。それから、10年前に『毎日2食も作っていたら大好きな旅行にも行けないから、もうやめる』って言い出したときは、『何もやることなくなったら暇すぎてボケちゃうんだから』って家族全員で脅して、『じゃあ間をとって平日のお昼だけ』ってことで落ち着いたのが今なの」と、どれだけばあちゃんのご飯が大切なのかをあまりに一生懸命に説明するから笑ってしまった。メイドさんでも雇えそうな裕福な家なのに、みんなしてばあちゃんを繋ぎ止めようと必死なところがなんとも好きだ。

ちょっと台所を離れようとすると家族に言いくるめられて妥協するというなんともかわいらしい毎度の構図を見ていると、今まででは考えられなかった気持ちが私のなかに芽生えてきた。私はいつだってやりたいことをやりたいし、行きたい場所にも行きたい。それでも、もっと長い目で人生を見てみてもいいのかもしれない。よーく掘り下げて考えてみると、自分のやりたいことってそんなにたくさんはない。誰かに必要とされるならそれに全力で向き合うのも悪くないなと。

台北出身のばあちゃんは、昔からずっと毎週のように週末は台北に戻るという。「家族に会いに？」と聞くと、にぱーっと笑って「麻雀しに♡」と言うから笑ってしまった。「なんだ、ばあちゃんもやりたいことはやってるのね」とほっとしていたら、「麻雀が白熱しすぎて終電を逃して、朝に帰って来たこともあるのよ」と、孫がこっそり教えてくれた。

豚や鶏を炒めた後の味が染み出た油を加えると、コクと香りが一層強く引き立つ。具を入れる順番や、具を脇に寄せさっと茹でた麺だけを汁と絡める、といった小さなコツの積み重ねですべての食材が絶妙な食感に仕上がる。

普通よりちょっとおいしい

「新しいことに挑戦するって楽しいわよね」と言うばあちゃんは、冷蔵庫の中を見て、名もなき料理を創作するのが好き。「作っているうちに、最初に考えていたのと違うものが出来上がったりもするんだけどね」と笑う。家族の大好物を聞いてみると、「炒米粉（チャーミーフン）！」と、とってもシンプルな料理の名前が挙がる。いわゆるビーフンだ。

ばあちゃんのビーフンのおいしさのポイントは油。「豚や鶏を使う料理の時に、お肉のおいしい風味がついた油を取っておくの。ほんのちょっとのことなのよ」。確かに、油で炒めているだけなのに豚や鶏でストックを取ったような香りが食欲をそそる。この油のひと手間で、なんだかよそで食べるよりもちょっとおいしいのだ。その油でスライスしたニンニク、豚バラ、水で戻した干し椎茸、玉ねぎを炒める。そして、水で戻した干しホタテに人参、きくらげを入れ、醤油や椎茸とホタテの戻し汁などで味を調える。最後にキャベツ、ネギ、干しエビを加えしんなりするまで炒めて取り出し、鍋の中の汁に茹でた麺を絡め、麺の上に取り出しておいた具を盛り付けて完成。毎日食べたくなるばあちゃんの料理は、シンプルな料理でさえ普通よりちょっとおいしい。その「ちょっと」が、家族を魅了してやまないのだ。

「本当は60歳にはいい加減リタイアするつもりだったんだけど、いつの間にか79歳になっちゃった」とまんざらでもなさそうな顔をするばあちゃん。きっと、自分の興味だけで動いているうちは、何ヶ国を飛び回ろうが見える世界は狭い。関係性や暮らしの先にこそ、もっと大きく広がる幸せな未来の景色があるのかもしれない。私もいつかそんな景色を手にしたい。そんなことを思っていた。

吹雪のミラクル能登物語

　低気圧がとんでもなく大量に押し寄せ、驚くほどの大雪だった12月。私は初めての石川県七尾にいた。七尾に行くならばと何人かから紹介された「もったん」と呼ばれる男性は、日中だけと忙しい合間を縫って私のばばハントに付き合ってくれた。私たちが向かったのは、人口約3000人、半農半漁で暮らしを築いてきたという能登島。行く手を遮る倒木と広がる雪景色。こんな猛吹雪には滅多に遭遇しないからと運転が大変そうなもったんを横目に私ははしゃいでいた。

　聞き込み調査によると、能登島は同居率が高く子ども世代が担ってくれるため、ばあちゃんたちは台所から離れていることが多い。料理が受け継がれて世代交代していることは、普通に考えるといいことなんだけれど、個人的には悲しい。そんな現実を知って収穫はないままだったが、吹雪のおかげでもったんの予定がなくなり、次の日もばばハントと漁業の現場へ連れて行ってくれることになった。明け方、心配されていた天候も奇跡的に落ち着き船が出たと聞いて、朝5時に港へ連れて行ってもらう。

　港でお邪魔したのは、株式会社鹿渡島定置。揚げた魚の神経絞めを船上で施したりとスピーディーかつ丁寧な魚の扱いで東京にもファンが多い漁師チーム。日本の漁師の平均年齢が60代であるなか、平均年齢30代と若く、漁師界では珍しい固定給制を実践したり、漁師チームでありながら魚を加工するところまで手掛けたりと革新的。午前2、3時から作業を開始して、私たちが到着した6時少し前には、既に船は戻っていた。魚の仕分けも終わると、みんなで朝食。その日に獲れた魚をたっぷり入れた、出汁がきいた味噌汁と刺身が机に並ぶ。これがもう、文句無くおいしい。こんなにおいしい朝ご飯にありつけるなんて、吹雪が起こす奇跡に感謝した。

着実に道を見つけて生き抜くということ

　手がかりもまったくないままに訪れた能登島だったけど、「この島初めての女性教育長がいる」と聞いて会いに行った。それが、過去の町長の娘であり網元でもあった石橋嗣子（つぐこ）さん。その土地の歴史に精通した81歳。両親や祖父母からの話もよく記憶している。昔から土地や家庭ごとに割り当てられるお米の割合は決まっており、この辺りの集落に新しく入って来ても新たに土地や家が与えられることはない。曰く「どんなに勉強や運動ができるよりも、土地を持っていることがえらかった」。

　体育教師だったばあちゃんは、愛情を込めて「つんこ先生」と呼ばれている。80歳を超えた今でもものすごくパワフル。「この地はね、男性の考え方や意見が重視され

起舟祭の日に掲げられた強い風にはためく大漁旗を見ると、どんよりしている空や波の高い荒れた日だって心踊るから不思議だ。

る男性優位な社会で、どんなに女の人が力んでも前に進むのは難しいの。でも、私には幸せなことに家があったから、目一杯跳ね返って気ままに自分の人生を歩いて来たわ」と、笑顔で話す。

　生後8ヶ月のときに母親が他界し、明けても暮れてもお酒を飲む父と漁師仲間の男性ばかりに囲まれて、自分の居場所がなかったのが苦痛だったと話すつんこ先生。

「子どもながらに精一杯知恵をつけて、嗅覚で世渡りを学んだ。だからここまでたくましく生きて来られた」。

　高校では砲丸投げの選手としてインターハイに何度も出場し、3年生のときに同じクラスだった旦那さんとのちに結婚。「高校生の頃からの付き合いだなんて、なんだかいいなぁ」と言うと、「旦那？ 申し訳ないけど影の薄い人だったし、あんまり語る

とこないね」と、無邪気に笑いながら、「優しい人でね、『わしは爆弾と結婚したようなものだと思ってる』と、よく言われたものよ。我慢強くて思慮深くて、その我慢のひとつに私も入ってたかもしれないわね」と言う。

つんこ先生は高校を卒業した後東京に行ったり七尾に行ったりして、能登島に戻って来なかったけれど、結婚していよいよ戻ることになった。「辛い思い出の多いこの島に戻るのは嫌だったけれど、仕方ないわね。逃げようと思っていつも準備運動していたんだけれど、やっぱり石橋という家にまつわる歴史の重みが残っていたみたい。しかも、出ようとする度に大地震で家を壊されてしまったり、親が病気になったりして阻まれて。もう、出られないなら、ここでいかに楽しく生きるかって考えることにしたの。仲間と一緒に料理を提供するお店をやってみたりね。でもそれも少し軌道に乗ったときに交通事故にあったり、胃がんになったり。なんと素晴らしい人生かと思ったわね！」。

この頃私はとにかく縛られるのが嫌で、ひとつの土地に根を張るなんて絶対無理だと思っていた。どうにもエネルギーが有り余っているから、同じ場所に留まるなんて爆発しちゃうと思っていたのだ。けれど、もっと爆発してしまいそうなつんこ先生が見つけた能登島での暮らし方は、物理的な縛りなんて凌駕してしまう自由さだった。「困難をはねのけて行くのもまた楽しいの。いかに上等じゃない環境の中で楽しく生き延びるか、人生は、そういうことなのよ」とさらりと言う。

私はものに溢れた世界に生まれ、今以上には欲しいものがなく、自分の人生に焦りはあるものの現状にはひとまずハッピーだった。その感情はバブルを経験した親世代とは分かり合えないことも多いが、ばあちゃんたちとはどこか今を受け入れる感覚が似ていて話が合うことは多かった。しかし、ばばハントを3年やってみて気づいたばあちゃんたちと私の決定的な違いは、人生に対して、そして生きる事に対しての気迫だ。「何があっても、どこであっても、楽しむ事を忘れずに着実に道を見つけて生き抜くんだ」。そういう覚悟と気迫。それを持った上で、「どれだけ頑張っても、人生にはなるようにしかならないこともある」と受け入れる覚悟すらも持っている。それに気づき、どうせ同じ人生なら私も気迫のこもった人生を歩みたいという感情が湧いてきた。私の人生は30歳にしてやっと少し本番になってきたようだ。

ストーブの上でコトコトと鱈の身を火にかけておぼろを作る。起舟御膳を作ると、鱈は頭の先から尻尾や骨に到るまで無駄なく頂けて、しかも雄にも雌にもそれぞれの楽しみ方があるのだということを感じる。切り身で魚が売られる世の中では受け継がれにくい文化だ。

網元だったつんこ先生の家から出て来たのは、美しい輪島塗の器の数々。塗りは年代によって赤の色味が違い、美しい朱色の古い漆器もしっかりと保管されていた。

つんこ先生の起舟御膳

　ほとんどの人が漁業に携わる能登島では、毎年2月11日に「起舟祭」という、シーズン初漁の日にその年の豊漁祈願をし、自分たちの暮らしに潤いを与えてくれた感謝の気持ちを表すお祭りが盛大に行われる。魚を獲りに行く前に網元が旗を立て、紅白の餅を船にセットして漁に出る。その日に獲れた魚は市場には持って行かず、みんなで食べて飲んで騒ぐ。たらふく食べるのだ。最近は作られなくなったそうだが、昔は網元が漁師たちを招いて、御膳にセットされたお料理を朝からたんまりと振る舞ったそうだ。

　起舟御膳を作るのは男衆がメインで、女の人たちはお手伝い。昔の懐石の御膳が基本で、御膳の中の一品いっぴんがほぼ全て鱈を使った料理で構成されている。鱈の脇や小鱈の身をほぐして、お湯を落としておぼろを作る。各家庭にある松竹梅の型に酢飯とおぼろを載せて押し鮨に。鱈の身は3

　枚におろして、その時季の1年で1番冷たい水にさらしして締め、鱈の子をたっぷりつけて刺身で食べる。頭や骨などは、水から煮て自家製のお味噌を入れてあら汁に。「スーパーに売っているようなちょっと時間の経った魚は、臭いを消すために酒などの調味料を先に入れて熱湯から煮るの。でも、今回は新鮮だから水から煮るわ。そうして煮えてくるとね、身がパリッとダンスするの」。最後にネギを入れて完成。

　昔は、半分に割って入っているお頭は旦那衆のもので、女子どもは食べられなかったそう。白子をまずはそのまま刺身のように食べ、脇の部分は焼き物になる。お餅にだって、酒、醤油、みりんなどで味付けをして溶き卵を入れて少し煮込んだ鱈の子がたっぷりと載る。さらに酢の物にした白子も添えて、見たこともない鱈づくしの贅沢な御膳が並ぶ。

Gracious host's homemade paste

まかない上手の自家製調味料

ノーイさんの
チリペースト
in Mae Chan

結婚とバンコク

2016年、私は、彗星のごとく現れた素敵な男性と突如結婚した。さらには彼がタイで起業すると言うので、私も一緒にバンコクへ移住した。新天地で何かを始めてみるのもいいかなと思ったのだ。

私をよく知る友人たちは、移住より結婚に驚いていたけれど、私はというと、多くのばあちゃんたちに出会ったこの3年間で急に「結婚」というものが腑に落ちていた。それまでは、私にはまったく縁遠いものだと思っていたのに。ばあちゃんたちから、昔の胸キュン恋愛話やたとえ決められた結婚としてのスタートであっても50年以上添い遂げてきたその物語を聞いた私は、「結局のところ、結婚というのはうまくいくもいかないも自分次第なのではないか。自分で選んだ好きな人と結婚してうまくいかないなら誰と結婚したってきっとうまくはいかない。そこからどう2人の生活を作っていくかという方が断然大事なんだろう」と思うようになっていた。それでも、その先には、2人でこそ見られる世界がありそうだ。それに、私がそんなふうに長く耕すような暮らし方を考えるようになったからこそ、彼も結婚したいと思ってくれたのかもしれない。

バンコクに移住して最初に訪れた田舎は、タイ最北の地チェンライ。なんとなくチェンライの文化に精通していそうなおばちゃんにコンタクトをとったら、なんとものっすごい田舎だった。ばばハントを3年もやっていると、いとも簡単にばあちゃんたちに会っているように思われたりもするけれど、そんなわけはない。なんの確証も

ない情報を手掛かりに進むので、新しい土地の宿にたどり着いた初日は、布団のなかで不安になる。飛行機や電車を乗り継いで来たはいいけど、「はて、こんなとこまで来て私は一体何をしてるんだろう」「無駄足な気もしてきた……」など、「今更!?」と自分で突っ込みたくなるようなことを思うことすらある。

村を散策していると出会った女性たち。それぞれの家で作った野菜やカニミソ、発酵させた魚の調味料などを販売。フリーレンジ（放し飼い）・チキンなども並ぶ。ひとつ質問すると、全員から10くらいの回答が返って来るのは、女性が集まれば起きる万国共通の現象のようだ。

米粉でつくるカノム・ジン

市内からタクシーで1時間以上かけて、Huai Nam Rak（フーアイ・ナム・ラック）という小さな村へ。かつて麻薬栽培無法地帯としてゴールデン・トライアングルと呼ばれたミャンマー、ラオス、タイの3国が接するエリアの少し手前だ。トロピカルな植物が生い茂る村に、パステルカラーに塗られた家々が建つ。家の中をちらりと覗くたび、すぐに会話が始まって、「お腹空いているんじゃないか」とご飯を与えられ、なんなら「泊まって行け」と宿までオファーしてくれる。近年稀に見るよき田舎だ。ここに1週間もいたら、私のタイ語はみるみる上達して、心も体もコロコロと丸くなるに違いない。

ニーさんという英語の話せる女性が仲間と建てたという小屋に泊めてもらう。この村では、自分たちが食べるものを作ることはできるけど、現金を稼ぐことが難しい。そのため、息子たちの教育費を稼ぎにニーさんは何度か海外へ出稼ぎに出かけた。そして、英語も習得した。

ところで、ばあちゃんたちに料理を習うと、いくつか気になる素材が出てきて、そのまま旅を続けるとパズルのピースが集まったかのように全体が見えてくるということがよく起きる。この時気になっていたのは、バンコクで出会ったばあちゃんの料理にも登場した、そうめんに近いルックスの甘酒の匂いがするヌードル。そのKanom jin（カノム・ジン）というヌードルを30年ほど作り続けているという可愛らしい夫婦の元へ、ニーさんが偶然連れて行ってくれた。

「ちょうど昨日まで仏教の祭日で休んでいて、今日から再開したのよ。タイミングいいね」と言いながらリズミカルにヌードルを作るふたり。米粉と水をぐるぐる混ぜて布袋に入れて重石をし、4、5日少しずつポジションを変えながら発酵させる。甘酒香の正体は発酵だったのだ。そして、1時間ほど茹でて混ぜ、また水気を切りぐるぐるこねて、沸騰した湯の中にピューッとヌードル状に絞り出す（薪の代わりに燃やしているのは米ぬか！）。

「絞り出す時に1から10まで17回数えると、1回茹でるのに適量になる」のだそう。3分くらい茹でてお湯を切り、冷水に代わる代わる入れて急速に冷やすのは奥さんの仕事。ケミカルなものを一切入れずに作るのは、だんだん数も少なくなってきたこういう小さい工場ならではらしい。この村の子どもたちは、この麺にナンプラーをかけておやつにする。

リズミカルにトントンとチリペーストを作るノーイさんの後ろでは、旦那さんが豪快な炎でお米を炒っている。後でフライパンをのぞきこんだノーイさんに、「火が強過ぎたから焦げてるじゃない」と突っ込まれちゃったのはご愛嬌。

家族、料理、結婚

　麺を買った後、ニーさんのお母さんのような存在であるノーイばあちゃんのもとを訪れた。彼女は家の裏に様々な果物や野菜、ハーブが生い茂る宝のガーデンを持ち、お料理だっていつも外で薪を使って作るという一気に私のテンションの上がる生活をしていた。この村の人よろしく出してくれた何度目かのご飯を前に、昔の話を聞く。

　5人姉弟の一番上だったノーイさんは、末の子どもを産んだ時に視力を失ってしまった母の代わりに、弟たちの世話をした。「ご飯だってその頃から何でもできたけど、忙しすぎて10歳で学校は辞めたの。周りから手伝ってくれる彼氏を作ったらどうだって言われたものよ」と、壮絶な道のりをさらりと語り、カラッと笑う。

　ノーイさんは17歳で結婚した。「全然私のプランじゃなかったけど、貧しすぎたしローンもあったからね。それでも、じいちゃんと結婚してよかったの。弟たちの面倒を一緒に見てくれたし優しかった。当時『俺と結婚しろ』って言ってきた金持ちがいたけど、あの人亭主関白だし意外とケチだからじいちゃんでよかったわ」と、向こうで火を熾してくれているじいちゃんを見てニッコリ。

　室内の使われていない綺麗なキッチンを眺める私に、ノーイさんは「外のがもう古いからって娘がプレゼントしてくれたんだけど、ガス式だし、室内じゃなんだかおいしくできないの」と、肩をすくめる。あぁ、ばあちゃんたちっていつもそうだ。今の私たちの選択肢や常識からは出てこない、おいしさの基準がそれぞれにあるのだ。

121

ノーイさんのチリペーストは、チリは丸ごと入れて潰しているためシャープでインパクトのある辛さ。他のばあちゃんの作るチリペーストは、チリの種は先に取り除いているため、同じ材料で作っていても味の印象が異なった。それがまたおもしろい。

ノーイさんのチリペースト

　ノーイさんから、Geng kee（ゲンケー）という名のピリ辛シチューを教わった。チリ40本にガーリック6片、刻んだレモングラス2本、カー7スライス、ターメリック3cm、エシャロット4つ、納豆を乾燥させたもの大さじ1と1/2にシュリンプペースト大さじ1を入れて石臼でトントン。

　地元で育ったワイルドチキン（ちょっと硬いけど味が濃い）を一羽料理するのだけれど、お腹の中を洗おうとしたその瞬間、ばあちゃんの手からするするするっとレバーが流れて庭にポトリ。「なにやってんだー！」と笑いながらじいちゃんもやって来て、「大きさは？ レバー好きなのになんで流しちゃったんだよ」と一緒に周りをキョロキョロ。そのかわいすぎるふたりの後ろ姿を見ながら、「ブツブツ言い合ってるけど、そこも愛らしいよね」と、ニーさんと大笑い。誰かと一緒に暮らしを作ったり長期的な関係性を築くって、こういう些細な、でもひとりじゃできないやりとりの積み重ねを楽しむことだよねと、何だか妙

に納得する。

　出来上がったペーストを鍋に入れて炒め、頭まで半分に割ってまるっと一羽ぶつ切りにしたチキンと水を入れて煮る。ばあちゃんは、石臼に水を入れて周りのペーストをこそげ取りながら、「この、張り付いた最後の部分が一番おいしいの」と言う。こういう言葉と姿勢がおいしいものを作るポイントだといつも思う。

　肉が軟らかくなったら畑から穫ったばかりの野菜を入れ、醤油、ナンプラーで味を調える。最後に、じいちゃんが炒った米（ノーイさんに火が強すぎたから鍋に焦げ付いてると小言を言われていたけれど）をグラインドして作った米粉で、とろみをつけて完成。仏教の祭日には必ずこれを作り、バナナの葉で包んで仏様にお供えをするのも習慣なのだとか。食べるときは、もち米をぎゅっと潰してちょんちょんとゲンケーをつけながら頂くのが本場流。ピリッと辛いけど、じんわり癖になる。「やっぱりばあちゃんのチリペーストがいい」と言われるので、ノーイさんはいつも子どもや孫たちの分もたっぷりペーストを作るのだ。

Cook for someone you love

好きな人のために作る

マリニーさんの
カノム・ジン・ナム・ヤー
in Bangkok

命のマーケット

　バックパッカーからリゾート好きやショッピングフリーク、遺跡好き、フーディ、LGBTまで、あらゆる人たちを虜にできるタイは、世界的に見ても特殊な場所だと思う。来客にご飯を作る時は、衛生的観点からちょっと洗練されたマーケットへ買い物に行くものの、個人的にはカエルが飛び跳ねたり、鶏が生きたままバタバタと売られている人も素材も生命力に溢れたゲットーなマーケットが好きだ。生きてるって感じがして、良くも悪くも、「食べる」ということが持つ野蛮性を包み隠さず見られるのがいい。

おとぎ話への誘い

　バンコクは広く、場所によって住んでいる人の雰囲気もガラリと変わる。中心部から20分ほど車を走らせると、外国人の多いバンコクにありながら完全にローカルの人しかいないエリアにやって来る。そこで、いつの間にかおとぎ話の世界に踏み込んでしまったのかと思うほど不思議な空気を纏ったばあちゃんに出会った。

　80歳のマリニーさんは、タイ人の母とイギリス人の父の絶妙なミックスにより、なんだかどの国にもいそうな不思議なルックスをしていた。さらに、隣にいる孫はタイ、イギリス、中国のミックスだという。

　今でも家族9人のために毎日3食作るマリニーさんは、"Housewife college"で料理を習ってHousewifeをつとめ、さらには幼稚園と小学校の先生をしていたそう。孫が、「これ見て〜！」と持ってきたのは、collegeの生徒だったときにばあちゃんが書き留めたレシピ。几帳面さが滲み出る芸術的なノートだ。「急いで書いたメモだから綺麗な字じゃないわ」とつぶやくばあちゃんに私の殴り書きのメモ帳は到底見せられない。

　私たちが話に夢中になっている頃、庭では旦那さんが穏やかに過ごしたりしていた。動物好きの旦那さんは、飛べなくなった鳥を手当てしたり世話をしていて、庭はすっかりバードパラダイス。いかつい野良犬だって手懐けて今や4匹も犬を飼っている。ふたりの馴れ初めを聞こうとすると、「覚えてないな」と照れてフイッと行ってしまった。「彼は軍人で、私の親友も軍人だった。それで、あるとき友人が職場に私を連れて行ってくれたときに、出会ったのよ。本当に素敵だったわ。それから、手紙でやりとりしてたの」とばあちゃん。

　名門大学でフランス語も勉強しながら法学部を出て、料理中だって本を読むほど勤勉だったという旦那さんとラブレターで育んだ愛が実り29歳で結婚。今でもとっても仲良しだ。

　ばあちゃんの故郷はタイの南にあるTrang（トラン）。「子どもの頃にね、雨のなか、ジャングルみたいな畑を探検して、こーんな大きい木の根もとにできる水たまりに浸かって根っこに寄りかかって寝そべっていたのは人生で一番の思い出。今度、南に連れて行ってあげる！」とチャーミングに話す。

　ばあちゃんたちといると、身近なワクワクを再発見したり、漠然とした不安が吹き飛ぶ安心感に包まれたりすることがよくある。そして、このひととき自体が二度と訪れない儚いおとぎ話なんじゃないかと切なくなることもしばしば。

首都バンコクは東京かと見紛うほどに発展したけれど、そこでさえ激しい格差社会が広がっていて、未だにスラムのような場所や、雑踏の中の土臭いマーケットだってたくさんある。

「やっぱり南の料理はスパイシーなんだなぁ、なんたってチリ30本だもんなぁ」と思っていたら、隣で味見したばあちゃんが「あ、ちょっと辛すぎた」と言うので笑ってしまった。

マリニーさんのカノム・ジン・ナム・ヤー

　ばあちゃんの故郷を代表する料理に、発酵ライスヌードルに魚のスープをかけた「Kanom jin nam ya」という一品がある。まずは、石臼を使うペースト作りから始まる。石臼でたくさんのスパイスをリズミカルに潰して作ったペーストは、やっぱりなんだかカッコイイ味がする。

　オニオン3つとニンニク1片、レモングラス2本にペッパー、ガランガ、コブミカンの皮、ターメリック、チリ30本、塩、シュリンプペーストを30分くらい擂り潰し続

ける。「やっぱり作りたてのフレッシュが、一番気持ちいいけどね」とこだわりを見せるも、このペーストは保存できるのでたくさん作って置いておけば、急な来客のときだって対応できるのだ。

　白身の魚を茹でて火を通し、その茹で汁1カップと700mlのココナッツミルクを合わせたものにコブミカンの葉を入れて火にかける。温めている間に魚の骨を全部抜き、石臼で潰す。ココナッツミルクが温まったらペーストを入れ、よく溶かす。ブクブク沸騰させて、ココナッツシュガー、塩、ナンプラーで味を調え、細かく潰した魚を

どばっと入れて混ぜて完成（最終的に魚の存在はあまり見えない）。

それを、蒸した発酵ライスヌードルにかけて、生野菜と白菜の漬物と一緒に頂く。甘酒のような香りのするヌードルと、ものすごくスパイシーなシチューとフレッシュな野菜が口の中で爽やかに合わさり、とってもおいしい。

「ばあちゃんが作るものはなんでもおいしいし、自分が作りたいものを楽しそうに作るところが好きだ」と照れながら言うじいちゃんを見て、好きな人のために好きなものを楽しく作るというのは、いつの時代もどの国でもやっぱり一番のおいしさの秘訣だと思った。

私は自分のために料理をすることは一切なく、人をもてなす以外は外食ばかりだ。でも、やっぱり家族と一緒に家で作って食べるご飯はいいものだ。そう思って、ケータリングの時に作るものとは違う自分と夫のための料理を作ってみると、ばあちゃんから習ったレシピたちがいつの間にか私のなかに根付いていた。実に渋く安心感のある料理。そんな料理を作れるようになっていたなんて、嬉しい驚きだ。

家を出るとき、ばあちゃんは高いところに咲く不思議な花をうんと背伸びをして取ってくれた。「夕方になると香りがしてくるから」と。家に帰り楽しかった余韻に浸っていると、夕方、バナナの香料のような香りが漂ってきた。すぐに香りが消えてしまう気がして、記憶に留めようと急いで花に鼻を近づけた。

column
中村優と僕

Hello world! by cooking

　今から6年くらい前、畑の真ん中のパーティーで、その畑で穫れた野菜を使った料理を振る舞っていた。そこにやって来たのが、優ちゃんだった。「いろんなジャンルの師匠を見つけるんだ」という話を聞いていたら、僕の弟子になって料理を習いたいと言いだした。軽い気持ちで「まぁいいよ」と返事をした。

　僕も20代の頃、たくさんの旅をした。面白い先輩にどんどん会いに行っては、その話のなかに人生へのアドバイスを見つけようとしていた。その末に20代の僕が見つけたのは、「好きなことは情熱を持って誰よりもやる」ということだった。

　それからすぐに、当時広尾の高架下で僕が開いていた店に優ちゃんがやって来た。「じゃあ、料理を教えるかわりに店を手伝って。うまい賄いと酒を付けてあげるから」。そんな感じで手伝ってくれるようになり、いきなり夜中に呼び出して、アジを100尾捌くのに付き合ってもらったこともあった。

　優ちゃんは、いつも口では「えーっ」って言いながらも楽しそうにテキパキとやってくれる。フットワークの軽さ、人に対する先入観のなさ、（良い意味で）社会のルールが身についていないところ、不満の少ないところ、そういう彼女の良さは、出会った頃から持っていて、いつも楽観的なハッピーオーラを纏っていて居心地が良かった。

　彼女に「村上さんの考えるおいしさって何？」と聞かれたので、今一度そのことを考えてみる。僕は、おいしさの基準は、「真心」だと思う。

　それって舌で判断できるものなのか？って多くの人は思うかもしれない。でも僕は、そういう味わいというものがあると思う。言葉では表現しきれないけど、断言できる。

　手の味とでも言うのだろうか。手作業が多いほど手の味がする。洗う、切る、さまざまな作業で、作業効率基準ではない真心基準で選択が繰り返され、その人らしい手つきで食材が扱われる。それが重なることでその人の味ができる。

　場の雰囲気や物の肌触りのようなものだって、そういうふうにできていると思う。スーツで言えばオーダーメイド、ワインなら自然派ワイン。野菜にも、盛

り付ける器にも、作り手の味がでる。楽しく作られているかどうかだって味に表れるし、性格も表れる。優しい人が作れば優しい味になるはずだ。

　だから僕自身、自分の出す料理は、できる限り自分の手で作りたいと思っている。もうそれを基準にメニューを選んでいるほど。自分の手でやり切れるメニューを選んで作る。それが僕の表現だと思う。

　ところで、もしかすると、多くの人は優ちゃんのことを「おばあさんのレシピを集めている人」と思っているかもしれない。でも、実は彼女はそのレシピの内容自体を面白がっているわけではないと僕は思う。料理やレシピを通して、自分が「好きだ」と思える魅力的な人物に出会おうとしているんだと思う。レシピを聞くことは、その手段のひとつにすぎない気えさする。

　それに、自分の感性を頼りに走っていくその行動にはスピード感がある。そして、周りが思うより早く、彼女自身はひとつのことに飽きてしまう。だからこそ、どんどん表現が変わっていく。そんなふうに自分らしく自由奔放に表現を続けられることは、素晴らしいことだと思う。

　優ちゃんがその場その場でする選択は、とてもストレートに自分の「好き」が基準になっている。毎日好きなものを集めて歩いているようなものだ。だから、食べるもの、会う人、持つもの、仕事、彼女を囲むすべてのものは好きなものばかりで出来ている。

　多くの人が迷う「自分らしさ」というものを優ちゃんはそうやってずっと自然に持っている。その「らしくある姿」に人は憧れ、彼女を面白いと思う人が集まってくる。ちょっと危なっかしいところすら、放っとけない魅力になって人が集まってくるのだ。

　「優ちゃんは大丈夫」って僕があまりに漠然とよく言うので、笑われることがあるのだが、彼女を見ているとそう思える。自分を人と比べず、失敗したと思い込むこともなく、いつも明るくいる。幸せでいるための方法って、すごくシンプルなんだと思う。

村上秀貴
料理家・キッチンわたりがらす主宰。大学にて建築を学んだ後、世界20数ヶ国への旅に出る。帰国後、「浮世離れした遊びや日本人の美意識を探るインタビューマガジン」として、雑誌『雷神』を創刊。趣味で続けていた料理が見初められ、レストランのシェフに抜擢される。その後、「キッチンわたりがらす」を2008年、広尾に開業。現在恵比寿に移転して延べ8年。素晴らしい食材を探して、生産者を訪ねる旅を重ねている。

Chapter 5

旅、時々、ばあちゃんの味

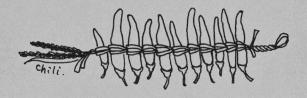

Alicia's paella in Barcelona

バルセロナの
アリシアさんのパエリア

 10月。スペインの中でも抜群に垢抜けていて、芸術に明るいバルセロナ。この街で出会ったのは、マドリード育ちのアリシアばあちゃん83歳。
 スペインの食の代表として思い出されるパエリアだが、寿司を日本人が毎日食べていないのと同じように、スペインだからといって毎日パエリアを食べることもないし、家で作ることも滅多にない。仕事もバリバリこなしつつ料理も大好きだったばあちゃんが、パエリアの本場バレンシアで習ったという作り方を見ると、おいそれと作れないその理由がわかってくる。

 「ワイン飲みながら料理しましょ」とワインを注ぐ。人と話すことやおもてなしが大好きなエネルギー溢れるばあちゃんは、たくさんの芸術作品や娘さんが描いた素敵な絵で彩られた家で暮らしている。「昔は、何十人でも呼んで料理を振る舞ったけど、この頃はもう歳を取ってしまったから。腰の状態も良くないし」と言いながら、つまみにムール貝の白ワイン蒸しをちゃきちゃきと作ってくれる。キッチンで飲むワインは、何よりもおいしい。
 本題のパエリアは難しくはないけれどとにかく多くの材料が必要となるし、手間が

かかる。材料を揃えたら、まず、骨つきの鶏肉に塩をして、ニンニクの香りを移したオリーブオイルで炒める。なんとなく周りに焼き色がついたところで沸騰しているお湯の中に入れる。豚肉、イカ、アサリ、ムール、あんこうも同じ工程を繰り返す。すると、グツグツ煮えた鍋の中は、具でいっぱいに！ そこにイタリアンパセリを入れていい出汁が出てくるまで一緒に煮る。その間、キッチンは至福の香りに包まれる。鍋に具を残してスープをパエリアパンに移す。ローリエを入れて香りをつけ、そこに乳鉢で潰した塩とサフランを入れる。スペインのキッチンには欠かせない乳鉢。ばあちゃんのはなんとブロンズ製で、代々引き継いでいるものなのだとか。そして、お米を洗わずに入れるのだが、ここでひと筋にさーっとお米を入れるのがポイント。全体的に入れるとお米を入れすぎることが多く、それを防ぐためにも、お米を入れるのは1ライン。そして、全体的にお米を広げ、鍋の中の具材も少し入れて揺すりながら少しずつスープを足して炊き上げる（かき混ぜ厳禁！）。最後にさっと火を通したエビ、ムールなどをトッピングすれば完成。

　たくさんの具材はほぼ出汁のために存在するという、恐ろしく贅沢な過程を目の当たりにすると、人々を虜にしてやまないパエリアの堂々たる風格がさらに際立って見える。パエリアは、人がいっぱい集まった最高のハレの日に、胸を張って振る舞われるのがよく似合う。

Asano's Funeral Udon in Gifu

岐阜の
あさのさんの葬式うどん

「ばあちゃんのレシピは面白いはず」となんとなく思っていたことが確信に変わったのは、忘れもしない、このばあちゃんに出会ってからだ。当時はまだ、出会うばあちゃんとの距離感があまりつかめていなかった。そのかわいらしさに惹かれつつも、多分多くの人たちがばあちゃんたちに抱いてるような「なんとなく弱くてどこか助けなければいけない存在」としてまだ見ていたように思う。

そんな時、岐阜県の西北部にある、村の99％が山であり美しい川が流れる板取という場所に住む鈴木あさのさんから、強烈なカウンターパンチを受けた。あさのさんを前に、とりあえず素敵な話とレシピが出て来ることを期待して色々話を聞き始めても、「こんな何もないところ、何もないけどな」との答え。「戦争の時とか、大変だったんじゃない？」と大変なストーリーが顔を出しそうな扉を叩いてみても、「人もおらんから、こんなとこに爆弾も落とさんわ。むしろ疎開先だった」と一蹴。なるほど、言われてみれば確かにそうだ。それでも息子さんも交えてなんとか話を進めると、ここには「葬式うどん」なるものが存在することがわかった。

この辺りでは基本的に自分たちの食べるものは自分たちで作ったり誰かが獲ってきたりする。スーパーは市内まで出ないことにはない。日常生活に困ることはないが、

あさのさんのお家には、息子さんお手製の露天風呂やバーベキュースペース、そして、ゲストたちが囲炉裏を囲んでご飯を頂くことができる離れもある。

　こういう場所だからこそお葬式は自宅で行われるうえに、村じゅうから集まる大勢の食事を用意しなければならない。しかし、雪が高く降り積もり市内まで出るのが困難な冬にお葬式となると、食料を調達することもままならない。だからこそ、お葬式用の料理は、季節関係なくいつでも用意できるものである必要があった。そうして生まれたのがこの「葬式うどん」だ。

　なぜかはわからないけれど、この土地では昔から落花生をどこの家でも育てていて、それをすり鉢でゴリゴリ擂ってペースト状にし、昆布出汁、醤油、砂糖などで延ばしてつゆを作って、そこにうどんを入れて頂く。なかなか洒落ている。料理中、コツを聞こうとする私が、「はい、醤油入れて」と言われて、分量が分からず「醤油どれくらい?」と聞き返すと、「なんだ、そんなんも知らんのか」とサバサバとしたテンポのあさのさん。孫によると、85歳になるあさのさんは、ばあちゃん仲間と女子会をしては夜中まで語り、そのままコタツで寝てしまったりする女子高生のような生態系なのだとか。

　もちろんあさのさんも昔から農作業をしてきて、味噌だって自分で造るし、何でもできる。私の数十倍は経験も知恵もある彼女たち。なんとなく弱くて人生危なっかしいのは、紛れもなく私の方だ。孫のように、知らないことを教えてもらおうと懐に飛び込むことで、本来のばあちゃんのありのままの姿やその良さを知るきっかけになる。

　あさのさんに出会い、何かを引き出そうとしても肩透かしを食らう会話を経て、ばあちゃんらしさや苦労話を期待したり、サクッと「ためになる話」を貰おうなんて見当違いだと気が付いた。彼女たちのように歳を取ると、むやみに世間の目を気にすることもなくなり、無駄な欲も削ぎ落とされて、どこか子どものように自然に近い存在になる。そんな姿にこそ私は惹かれているんだろう。

Kiyoko's hassaku orange dessert in Shodoshima

小豆島の
清子さんのはっさくデザート

やっと自分のやってきたことが仕事になり始めた頃、かねてから好きだった小豆島に毎月通い、島の素敵な生産者たちを紹介するような仕事ができた。何回か通ったある日、絶品の無添加佃煮を作る「小豆島食品」の久留島さんを取材した。すると、久留島さんは、「山菜だってキノコだって、高橋さんに料理してもらったものが格別なんだ」と、自身が採った山菜はいつも"高橋さん"のもとへ持って行くと話してくれた。おいしいものを作る人が信頼を置く人ならば、その言葉に間違いはないはず。さっそく高橋さんを紹介してもらうことに。

小豆島食品からほど近いところに建つ小綺麗な家。玄関で、「あら、いらっしゃい」と迎えてくれたのは、若々しく都会的な雰囲気の高橋清子さん、83歳。家に上がらせてもらっておしゃべりしていると、不意にiPadを取り出して、「このあいだね、ニューヨークの孫のところに1ヶ月半遊びに行ってきたの」と、写真を見せてくれた。「孫とはね、LINEをするの」とさらりと言う。「私は畑仕事がどうも向いてないみたいで、何をやってもうまく育たなくて……。でも、庭にはっさくの木が1本あって、それだけは毎年よく実ってくれるの」。しかし、そのまま食べるには少し苦い。同じくはっさくがご近所さん宅にもたくさん実り、いつも持て余していた。なんとかおいしく食べられないかと周囲から相談を受

け、デザートを考案したのだそう。はっさくの果実に重曹をふりかけて苦みを少し取った後、毎年漬けている自家製の梅酒と少量の砂糖を加えて半日置いて、冷やして頂く。「ご近所さんにもおすそ分けすると、みんな気に入って、この食べ方が一番おいしいって言って下さるの」と嬉しそうに、そしてちょっと誇らしげに話してくれた。

料理上手な清子さんのもとには野菜や山菜などのおすそわけが集まり、彼女はそれをおいしく料理しておすそわけ返しをする。清子さんお手製のレシピファイルはパソコンで綺麗にタイプされ、デジカメで撮った写真が載っていて、「ばあちゃんのレシピ」のイメージをさらりと覆した。そのレシピを使って清子さんが不定期で開催する料理教室は、定番和食から、自らが訪れた国からインスピレーションをうけて考案した創作料理までを楽しめると評判だ。

なんだかまるで同世代の女友達のように清子さんと仲良くなった私は、その後も幾度となく彼女のもとを訪れ、友人たちも誘ってみんなで恋愛話をしたりしている。「若い頃は大阪や神戸にもよく行って、小豆島を離れたかった。でも、親の願いで島に留まることになったの。旦那さんとは学校も一緒。誰も結婚する相手がいなかったらしてあげてもいいよって冗談言ってたら本当にそうなっちゃったのよ」とお茶目に笑う。世代を超えて一緒にウキウキできるばあちゃんらしくないばあちゃんに、いつも元気をもらっている。

Yoshiko's yakitori in Takamatsu

なぎさの
好子さんの焼き鳥

　美しさとは、強さである。カウンター8席ほどしかない小さな焼き鳥屋で、ハッと背筋を伸ばしたり、涙を浮かべたりすることになるとは思わなかった。
　香川県高松市で、知る人ぞ知る伝説的な焼き鳥屋「なぎさ」の噂を聞いたのは、春のこと。その噂を追って店を訪れ、衝撃を受けて以来、高松に行く度に顔を出している。
　東京目黒で生まれた齋藤好子さんは、92歳。50代の時に高松に移住してひとりで始めたお店は、今に至るまでずっと年中無休、夕方5時にオープンして朝の6時にクローズする。
　「今だって朝9時までお客さんがいることも多いわよ。毎日開け続けて、お客さんがひとりも来なかったことは35年間一度もないの。ありがたいわね」と笑う。日本舞踊は師範、卓球は全国大会出場、女優かと見紛うほどの美貌を持つ多才な好子さんが焼き鳥屋をひとりで切り盛りするまでには、映画が1本できるほどの壮大な人生模様があった。「水商売はね、主人と結婚して転勤した博多で人に騙されてね。仕方なく始めたのよ」。
　ママとなった好子さんは、そのスナックを博多で遊ぶ者なら知らない人はいないほどに育てた。「でもね、それもまた事件に巻き込まれて。結局、逃げるようにして高松まで来たの。警察や弁護士さん、それからコワいお兄さんたちにもずいぶんと助けてもらったわ。あんまり詳しくは言えないけどね」と含み笑いをする。「それでも、なんだかんだで乗り越えてきたの。高松に来たときね、360円しか持ってなかったのよ」と言う好子さんは、この町で営まれていたこの焼き鳥屋が空くというので、引き継ぐ形でスタートした。「女性が切り盛りしていてね、ああ、あの子にできるなら私にも

できるかなって。昔踊りを教えていた生徒から200万くらい借金をして始めたの。こんな小さなお店に1日に50人、60人もお客さんが来て、その借金を2年で倍にして返したわ。何があってもメソメソしたりはしなかった。主人や子どもたちにも、こういうことはあまり話してないの」。

今でも好子さんのもとには、毎日色んな人が訪れる。良い人が多いのと言うけれど、子どもを抱いてお金を貸して欲しいと泣いてすがってくる人、連帯保証人になって欲しいと言ってくる人なども後を絶たなかった。そして気づけば、肩代わりをして出来た借金が2000万に。「人の借金は、やっと去年返し終わった。貸した人のなかには逃げた人もいるし、死んでしまった人もいるけれど、自分が承知して肩代わりしてあげたのだから仕方がないわね」。

戦争の時は東京の東中野にいた。「3ヶ月半ぐらい空襲は続いたのかな、外にだって出られない毎日。防空壕の中にいたら蒸し焼きになりそうだし、新宿は死骸の山。そんなの見たら……。本当にあなたたちは幸せ。戦争なんてするもんじゃない」。戦火のなか、4度も家を焼け出されたのだという。「一緒に逃げた人は精神を病んで、子どもを残して自殺しちゃった。軍事工場の工場長だった父は放心状態。それを見て、私が頑張って生きなきゃと思ったのよ」。

それからというもの、自分の分ももちろん、だれかにご飯を作ってあげたことなんてなかったという好子さんが、何でも作るようになった。彼女の作る焼き鳥や水炊きは絶品で、ぬか漬けなんて漬物屋さんが教えて欲しいと言って来るほどの腕前だ。アメリカに20年住む娘さんのもとに生まれた孫は大きくなり、一流大学を卒業して活躍している。「こんな商売してるけどね、アメリカにいる孫が立派になっても、『世界中探しても他にいない大好きなおばあちゃんだよ』って言ってくれるの。嬉しいわね〜」と言って、好子さんは顔をくしゃっとさせた。

35年間開け続けたという店。一度、好子さんが入院したこともあった。そんな時は、地元のシェフや板前さんが代わる代わる店に立った。「夕方病院に迎えに来てもらってね、カウンターの端に座ってお客さんと話して、朝病院に戻るの。ひどい患者よね。みんなによくしてもらって、今がある。だから今も、もしも1日でも店を閉めたりしたら、何かあったんじゃないかって電話が鳴りっぱなしよ。だからずっと休めないのよ」

好子さんは、私をまっすぐに見て、「若いっていいわね」と微笑む。なんだか自分が不甲斐なくて、隠れてしまいたくなる。「大変だけど、私にとっては本当に幸せな人生。人に良くしたら必ず返って来る。これだけは自信を持って言える。我慢して損することはない。自分が磨かれていくからね」という好子さんの言葉を聞いて、どんな立場になるかより、どんな哲学を持ってどう生きていくかが顔に表れるんだと思った。それぞれの事情で好子さんのもとを訪れた人たちも、自分のすべてを差し出す好子さんの姿を見て、自分自身のあり方を考えたんじゃないだろうか。前に会った時よりも、今日はもっと堂々として好子さんの前に座っていたい。いつもそう思いながら、また焼き鳥を食べに訪れる。

Ying Mei's sweet taro cake in Taiwan
客家の
黄英妹(フゥアン・インメイ)さんの芋粿

　外国人からは瞬時に見分けがつかないことが多いのだけれど、台湾には多様な人種が住んでいる。少なくとも1万年以上前から人々が住んでいた歴史がある。現在のマジョリティは閩南(ビンナン)系民族だが、彼らは福建から台湾へと移り、アボリジニたちを山へと追いやり、農地として良好な西海岸沿いに住み着いた。そして、現在15％程度いる客家(ハッカ)と呼ばれる民族は広東からやって来て、閩南系がまだ住み着いていなかった山間の未開の地に住み始める。

　客家の暮らしに興味を持ったのは、出会う客家の人たちがことごとくオーガニック志向で力強く、なおかつ料理上手ばかりだったからだ。台湾の、特に南の味付けは全体的にまろっとしているけれど、客家料理は甘みと塩味がはっきりしている。実りの少ない季節や年でも生き抜く知恵を持ち、今でも漬物などの保存食や乾物は客家のものが一番だと誰もが言う。私も客家の漬物名人に会い、ミイラのようになった20年ものの漬物の乾物に感動して、使い方もわからないまま何本も買ってしまった。

　客家の人々がほとんどを占めるという屏(ピン)東エリアを散策。田舎に行くと、すっこーんと明るくて、この世に悪い人なんてひとりもいないんじゃないかと思わせてくれるような空気をまとった人に出会うことがある。このお店のオーナーであるおばちゃん（ばあちゃんというには若すぎる）、黄英妹(フゥアン・インメイ)さんも、そのひとり。彼女が作る「芋粿(オクヴェ)」というおやつはとびきりおいしいと評判で、大会でも表彰された名人だ。

　米粉1.2kgに水1ℓ、そしてタロ芋900g

屏東でオーガニックファームを営む私の仲間たちは、「家族のような友人の大事な友人は、これまた家族と一緒」というポリシーで、色んな場所を案内してくれた。そのなかのひとつが、このアウトドアキッチンとお庭がこじゃれたお店だった。

を使って作った皮に、豚挽肉と桜えびとフライドエシャロットを入れて醤油や砂糖で味付けをしたものを入れる。そして、「シークレットはこれよ」と言って、砂糖漬けにした冬瓜をころころと具に忍ばせた。それが、客家に受け継がれて来た伝統レシピで（今はほとんど見かけないが）、彼女の芋粿の人気の秘訣でもある。蒸して出来上がった芋粿は、塩気と甘みのバランスが良く、食べる時間を選ばない。 グリーンの皮は、家の裏の畑から採ってきた古い漢方の一種「大風草」をすり潰して混ぜ込んだもの。大風草には、南台湾の原種で血行促進効果がある。独特の香りと苦みから、最近ではめっきり使われなくなったが、大病を患った人や産後の女性が"氣"（energy）を取り戻したり体を温めるために食べたりと、か

なり限定的な使われ方をするそう。黄さんの大風草入りの芋粿は、ヨモギのような香りで皮はもっちりしていて中はコクのある肉まんのような感じながら甘さがアクセントになっている。

「さ、コーヒーにしましょうか」と、黄さん。「あれ、お茶じゃないんだ」と思いながら旦那さんがいる店内に入ると、そこには驚くほど本格的なエスプレッソマシーン。イタリア留学をしていた娘さんの影響だと言いながら手際よく淹れてくれたおいしいラテを飲み、伝統的なおやつを頂く。ご近所さんが、池のほとりでラテを飲みチルアウトした様子を見ると、芋粿にはイタリアのコーヒーより台湾のお茶の方が合うんじゃないかなあなんてあまりに普通の突っ込みは、野暮というものだ。

Hsi Mei's fried vegetable with fermented pineapple sauce in Taiwan

客家の
鍾黄喜妹さんの鳳梨豆醤炒地瓜葉
チョンフゥアン・シーメイ

　続いて、屏東で生まれ育った85歳の鍾黄喜妹さんのもとへ。夫婦で農業を営んでいたが、旦那さんに先立たれてからもひとりで畑仕事。ものすごく高い木に生ったビンロウという実(噛みタバコに使われる)も、身長の3倍くらいある棒を使って自分で穫るという現役っぷり。畑には空心菜や芋の蔓、へちま等があり、ビンロウ以外は自分で食べるために育てているけれど、たくさん出来たら売りに行く。体のサイズと不釣り合いな高さのキッチンで、ばあちゃんがすっぽり入ってしまいそうなほど大きな鍋を毎日振る。

　亡き旦那さんはばあちゃんが作るご飯が大好きで、なかでも、鳳梨豆醤というパイナップルを豆麹と一緒に漬け込んだ調味料(ばあちゃんのお手製)を使ったお料理がお気に入りだった。今回は、畑から芋の蔓を採ってきて炒め、「鳳梨豆醤炒地瓜葉」に。
フォンリートウジャン・チャオディーグァイエ

　鳳梨豆醤は、客家らしい甘みと塩味のバランスが最高の調味料で、月日が経つとまた発酵が進み違ったおいしさが出るのだ。他にも、破布子と呼ばれる実を塩茹でして醤油や塩水などに漬けたものを、魚と一緒に蒸した料理もとても美味だった。
ポポツー

　喜妹さんは、「畑は大変だけど楽しいねぇ。毎日畑に行って、神様とお話しして、友達とお茶するの。毎日同じことの繰り返しだけど、神様が見ていてくれるから、長生きできるのね」と、目尻にとろけそうなほど柔和なシワを寄せる。厳しい土地で生きてきた人たちは、神様との距離が近い。戦争で焼け野原になった時代や物が無い時代を生き抜き、言葉少なくも「何も無い日々が楽しい」と穏やかに話す彼女といると、平和を作るのは、自分の在り方なのかと思えてきた。

Cherd-chom's Prik ka Klua in Bangkok
バンコクの
チャッドチョムさんの
プリック・カー・クルア

　タイは王国。1日に2度、国歌が流れると立ち止まって国王に敬意を表したり、国王の誕生日には多くの人が国王の誕生日カラーの黄色に身を包んだりと、王室への崇敬は日常生活にまで根付いている。結婚してタイに来てから出来た友人をつたって、ばあちゃんに出会った。お宅へ伺うと、あまりの豪邸に、今日ばかりはといつものTシャツ短パンビーサン姿で来なかった自分の判断を誇りに思いながらお邪魔する。
　すると現れたのは、チャッドチョムばあちゃんと娘さん。「まず最初にね」とペンを持って書き始めたのはファミリーツリー。一番上にはなぜかキングラマ2世。「あれあれ、これはもしかして……」と思っていると、現在93歳のばあちゃんはキングラマ2世の玄孫に当たるロイヤルファミリーの直系の方。しかもその叔父さんたちはセニ・プラモジさん、ククリット・プラモジさんという、有名なタイの歴代首相じゃないか！ 壮大なロイヤルファミリーストーリーが展開されるなか、「ロイヤルファミリーの人たちって、お手伝いさんや専属シェフがいたりするから、料理しないんだと思ってた」と言ってみると、「国王はたくさん奥さんがいるから、料理で競い合っていたの。『男は、死ぬまで柄杓の先に恋をする』（カレーを混ぜる時に柄杓を使うこ

 とから表現した、料理で男心をつかむの意)っていう言葉がタイ語にあるほど、料理は重要なのよ」と言う。
 タイの情勢が荒れて混乱を極め、姉弟みんなが海外へ亡命しても、ばあちゃんだけは両親を手伝うためバンコクに残った。「トイレに入っている時に、家の近くの女学校に爆弾が落ちて、その爆風でドアがバーンって開いたの!」と思い出して話す。それでも、バンコクにいたからこそ、ユーモアあふれる発明家である旦那さんと出会えた。お見合い相手もいたが、好きでもない人と結婚するなんて嫌だと駆け落ちしたのだそう。肩書きも失くしたゼロからのスタートでも、「気にかけてくれていた叔父が立ち上げた新聞社で働かせてもらったりもした。旦那は仕事がない時でもビリヤードで勝負して稼いできてたわ」と自由でたくましい。
 ばあちゃんが教えてくれたロイヤル・レシピは、「Prik ka Klua」。Chili with saltという意味。「お子様メニューで、うちの子どもたちも大好きだった料理なの」と言う。チリが入った料理なのに子どもの好物

なんだと不思議に思いながらお料理開始。削ったココナッツを油を引いていないフライパンに入れて、焦がさないようにゴールデンブラウンになるまでじっくり火にかける。「カオチェー（冷たいお茶漬けのような料理）は夏に食べるものでね、付け合わせに削ったココナッツをたくさん使うから、多めに削って余ったものでこの料理をよく作ったものよ」と、ばあちゃん。そして、炒ったココナッツを石臼で潰す。だんだんと油が出てくるまで、何十分もゴリゴリ。そこに、パームシュガーと少しの塩を入れて混ぜて出来上がり。

　ところで、どこにもチリは入っていない。聞いてみると、「そうなの、変よね。多分、子どもたちが大好きだから、食べ過ぎないようにこの名前にしたんじゃないかしら」とばあちゃん。今ではレストランでさえ見る事ができなくなった古いレシピ。そしてどうやら、王室系の料理は、巷の料理より少しマイルドで甘みが強いようだ。一族を飛び出して自由に生きたばあちゃんも、やはり料理の腕は周りの誰もが認めるほどだから、血は争えない。

ばあちゃんの「カオチェー」は、キングラマ5世の一番の専属シェフに習ったレシピを代々受け継いだものだという話や、「finger noseって言われるんだけれど、指の先が盛り上がっている人は料理が上手に作れる、と昔よくおばあちゃんに言われたの」と、お料理談義には終わりがない。

column
中村優と私

Hello world! by editing

　ある日、友人宅で夕食を食べていたら、優ちゃんがニコニコと入って来た。今と変わらない、誰でもすぐに仲良くなれそうな気持ちにさせてくれるパカッとした笑顔だった。

　自己紹介がてらに聞くと、前日に会社を辞めてきたばかりだと言う。新卒で就職して上京したのに、2ヶ月でさらりと辞めてしまったらしい。それなのに、この先何をしようかと妙に暢気に楽しげに話してくる。

　あれこれと話したこの夜のすぐ後、仕事場に彼女が遊びに来た。そして、「楽しそうなので、一緒に働きたいです！なんでもやりますから〜！」と、とてもストレートにオファーされた。

　当時の私は、出版社の編集部から独立して始めた編集者としての仕事が少し溢れるようになっていたものの、アシスタントを雇うにはまだ不安定な時期だった。それでも金銭的な待遇にあまりとらわれず、とにかく面白そうなその世界に入れてくれるならそれでいいと言わんばかりに彼女はついて来た。私は、まるで人なつっこい猫でも拾ったかのようにワクワクしながら招き入れた。

　時をほぼ同じくして、彼女は「キッチンわたりがらす」の村上シェフのもとへも通い始めた。2人の間を行ったり来たりして、昼は編集、夜は料理の現場に立ち、私と一緒にいる時は、国内外の取材へと共に走り回った。「両方やるなら、半分ずつじゃなくてどっちも人一倍やって欲しい」。私がそう言うと、彼女は笑顔でやってのけた。びっくりするのは、朝でも夜でも、どんなに大量の作業を頼もうと、こちらが不機嫌にダメ出ししようと、理不尽な風が吹こうと、いつだってニコニコと機嫌がいいこと。仕事が終わっても、面白そうな仕事仲間が集まる会には調子よく「師匠〜」とかなんとか言いながら付いて来たし、おいしいものを食べようとすると必ずと言っていいほど嗅ぎつけてやって来た（なんとタイミング良く扉を開けて入って来ることか！）。そして、独特の、場を陽気にさせる、人にかわいがられる空気を持っていた。

　村上シェフの表現を少し借りるなら、彼女は、「編集」という職業自体に憧れていたのではないと私は思う。料理やレシピが彼女にとってそうであったのと同じように、「編集」を通じて、自分が「好きだ」と思える世界に出会おうとしていたのだと思う。編集することは、手段のひ

とつにすぎなかったのだろう。私自身、広い世界が見たくてこの仕事を選んだ。激務の割に特別儲かるわけじゃないこの仕事を「報酬以外の報酬が多い仕事」だと思っている。毎日、オフィス以外のどこかに出かけ、人に会い、その人たちの世界や思想を覗かせてもらう。遠くの国にも遠くの業界にも入り込むことができる。上京してからのこの10年、編集はいつも、世界への扉だった。

　数年が経って、突然、彼女は軽やかに旅立って行った。（かわいがっていた猫が居なくなって寂しがる私とは対称的に）編集と料理、自分の目で見て少し身についてきた両方の感覚を活かして、既存の職業枠にとらわれない自分らしい表現を模索しようと希望に満ちていた。

　一方で、プライベートでは、いつからか自分の家を持たずに誰かの家を渡り歩くという野良猫のような日々を送っていた。彼女には、「安定していなくては不安」「みんなと同じでなくては不安」「先のことが見えなくては不安」という感覚がない。見ているこっちが心配になっているのも気にせず、むしろ、信じられないほど不安定な日々を気ままに楽しんでいた。一見共通点の見あたらない弟子入りを掛け持ちしたかと思えばどちらも辞めてしまい、住居も定めずに海外をぶらぶら。たくさんのオトナたちに、「ふらふらしていないで」とか「ちゃんとしなさい」と言われてきたことだろう。それでも彼女は、そんな言葉に道を塞がれることなく楽しげに歩いていた。

　この本を一緒に作るにあたって、優ちゃんからたくさんの旅の話を聞き、たくさんのおばあちゃんたちの姿を見せてもらった。そこに登場する彼女が自分の嗅覚で選んだおばあちゃんたちは、いつもチャーミングで、堂々としていて、自分なりの幸せの定義をはっきりと語れる女性たちだった。そして、最近の優ちゃんのふとしたところに、彼女たちと共通するものを感じるから驚く。

　自分の感覚を信じることも、向こう見ずさを備えることも、とても勇気のいることだけど、その道をだれよりも楽しげに歩いて見せる。それが優ちゃんだと思う。そして、そうすることで、家や空間にとらわれない、心地のいい自分の居場所が生まれるのだと、今の彼女を見ていて思う。一度きりの人生、あなたの居場所はどこですか？

柿原優紀
たらくさ株式会社代表取締役。美大卒業後、出版社にて書籍や雑誌編集に携わり国内外の取材活動を行う。その後、渋谷区富ヶ谷に編集事務所を設立。地域文化や地域資源を編み直し、新しい選択肢を提案するメディアやイベントの制作を東京を拠点に全国各地で行っている。

Chapter 6

幸せレシピの
おすそわけ

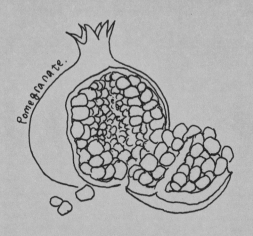

とびきりおいしいを分かち合う
『YOU BOX』

いつもおいしいものを求めて北へ南へと動いているので食いしん坊なイメージを持たれるが、どちらかというと胃袋は小さく量が食べられないのが悩み。それでもいつでも食べる現場にいるのは、「食べる」のまわりに現れる幸せな笑顔に出会いたいから。「キッチンわたりがらす」の村上シェフのもとで料理を教わるようになって、力強い素材に触れ始めた私は肉や野菜やワインのなかに、そして、ばあちゃんたちの料理のなかにも、「とびきりおいしい」ものが存在することに気がついた。一体何がその違いを生むのか知りたくて、とにかく片っ端から生産現場を見に行ってみることにした。

野良猫生活の真っただなか、人が2泊3日で使うキャリーバッグに持てるすべてを詰め込んで、ひとつの土地を選んで滞在することを繰り返し、何週間で面白い生産者に会えるのかという実験を始めた。私はわりとガジェットやWebにも強い方だしGoogleも大好きだけど、私が会いたい類の生産者の情報はたいていネットには出まわらないので、いつも頼りにできるのは信頼できる人の繋がりと手触りや匂いだけ。くんくんとおいしい匂いにつられていろんな国をまわり、生産者と仲良くなった。そうして出会った生産者からは、おいしいものの作り方だけでなく、その日々の営みのなかにある美しさを見せてもらった。

そして、私は突然、「これは、とんでもなく良い！」と思ったものを分かち合いたい40人に、「旅先からBOXを送るので、先払いで3回分のお金を払って下さい」と強引なメールをした。かねてから付き合いがある人ばかりに送ったメールだが、なんと

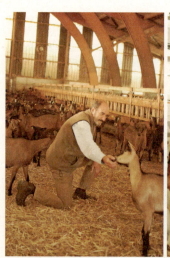

そのほぼ全員が買ってくれた。

　単身で訪れる旅のなかから、私が自分の目で見つけたものを、自分なりの表現で届ける。初めての実験だった。この実験を通して、どんなところでも10日あればたいていとびきりおいしいものを作る生産者を見つけることができるということがわかった。それがYOU BOXの始まりだった。小豆島からスタートして、台湾、南仏と3回のBOXを作った。ファンディングしたお金は1回目でほとんど無くなってしまっていたものの（BOXに入れるものの金額で見積もってしまったため、自分の旅費が計算に入っていなかったのだ……！）、自分の好きな人たちと分かち合いたいと思える何かを探し回るのはとても楽しかったし、まったく後悔はなかった。

　個人的な試みで、Webなどでの情報発信も特にしていなかったけれど、口コミで広がって、企業の新規企画へと発展したり、志を共にできるような仲間と出会うきっかけになった。資金ありきじゃなく、小さくてもまずやってみるということって大事なのだ。続けていくうちに個人の活動がチームでの活動へと変わり、シェフやデザイナーたちとも活動を共にできるようになった。チームの方が頑張る気も起きるし、やっぱり何かと楽しい。最初は、「特定の人たちにわかってもらえれば良い」と、小さくアンダーグラウンドで進んでいた。そこには、「わかる人にはわかる」みたいなちょっとした思い上がりがあったのかもしれない。でも、今では「やっぱり誰でもいいものはわかるはず！」と思える。もっと広い視点で「おいしいのおすそわけ」をしたい。そんな気持ちがむくむくと湧いて来て、今日も、とびきりおいしいもの探しは続いている。

めぐった生産者の一部、写真左からアルフォンソ（Santa Gadea）、ファウスティーノ（Faustino Prieto）、久留島さん（小豆島食品）、マリアーノ（Quesos Campos Góticos）。自然と、動物と、人に優しく、唯一無二で感動するプロダクトを手がける美しい方々。写真上はYOU BOX from Spain。

スペインで輸出業を営むエヴァ（写真左）の紹介で、Sigüenza（シグエンサ）で30年以上超ナチュラルな蜂蜜を作っている職人・ヘスース（写真中）に会った。季節のハーブの香りとパッションを詰め込んだValderromeroの蜂蜜は、インパクトのある味わいながらとっても柔らかで香り高い。シャイで無口な彼が、巣箱のある気持ちのいい土地で見せた笑顔には胸キュン。

世の中をシワシワに！『40creations』

女子ひとりで世界の路地裏をウロウロするのに危険は付きもの。だから気づけば、護身術のように人の顔をよーく見るようになっていた。めぐり会いたい人に会うために、第一印象での判断は超重要。そして、出会う人たちの顔を見ていると、やっぱり人の人生は顔に表れるんだなと思う。楽しく笑ったり、悲しみを乗り越えたりして、その時間の記憶はやがて美しいシワになるのだろう。そんな、時間の変化を楽しむシワ、どうせならまわりの人たちには美しい笑顔のシワを作っていって欲しい。そんな思いで、シワを生み出すプロジェクトを40（シワ）個仕掛け、40個終わったら消滅する『40creations』というチームを2015年に立ち上げた。

『YOU BOX』や『ばあちゃんのレシピ』、『さしすせその教科書』など、全部違う人たちで構成されたチームで手がけるプロジェクトは、ひとりで行うより断然楽しく、選択肢も広がった。今までは、自分のやりたいことは自分の責任で実現したかったし、旅も断然ひとり旅、突然の誘いに行き先を変更なんていう奔放な動きはできなくなってしまうかもしれない、などいろんな理由で誰かと行動するのを避けていたけれど、本当は、自分の分しか余裕が無いことと、何かを求めて行った先で何も無いという事態は相手に申し訳ないという自信のなさが理由だった。

しかし、ある夏の日、建築に詳しい仲良しの友人と台湾を旅して一緒に話しながら街を歩いていたら、今まで自分の視界に一瞬たりとも入ってこなかったような建物がキラキラと存在感を放ち、何度も見たはずの街が全く別の表情を見せてくれたことに驚いた。鹿児島の大島紬をつくる現場を別の仲間と訪れた時には、いつだってTシャツジーンズで満足していた私に、服やバッグなど物自体の持つ素晴らしい姿形や美しさを感じたり着こなしたりするには、味を知るのと同じく経験が必要なのだと教えてくれた。どんなに遠くに行ったって、自分の興味に従って動いている限り見える世界は広がらないのだと実感した。

それぞれの知見やプロフェッショナリティを組み合わせることで奥ゆきと広がりが生まれる可能性に、震えるほどワクワクしたのがチームで動きたくなった。たとえば、この『ばあちゃんのレシピ』では、宮崎県の綾町で株式会社ディスカバリー号のみんなにたまたま出会ったことから表現の幅がずいぶんと広がった。一緒にやりたいと言う彼らが日本の田舎のばあちゃんの元へ一緒に向かい、映像や写真などにおさめてくれたのだ。

活動しているチーム自体がワクワクしながら、社会にさりげなく笑顔の種をまいていけたら本望だと思う。だからいつだって、一緒に活動したいと思ってくれるにやけた人たちに出会えることを楽しみにしている。

『40creations』が形もなにもないときに、色々聞いてくれていたひだまりのふたりにえびちゃんやひろとさんやみぽ、コンセプトを聞いて一瞬でWebサイトをLETTERS Inc.で引き受けてくれた野間さんや、キックオフのために地方から駆けつけてくれるほどの友人たち。少しでも関わってくれた人たち同士が、それぞれのタイミングで共に動いていけるといいなと思う。

世の中に、美味しいしわをつくる。

「おいしいものは、人々を笑顔にする」
それが、時代や国・性別を越えた共通言語。
食事の間でさえ眉間にしわが寄ってしまうことも多い世の中だけど、
人の歴史そのものを表す「しわ」を、やっぱり美味しい気持ちで刻んでいきたい。

Webデザイン：Mikiko Kikuoka（LETTERS Inc. / Garden Eight）

写真：株式会社テーブルカンパニー

Chapter 7

ばあちゃんから受け継ぐ人生レシピ

世界じゅうで出会ったばあちゃんたちに教えてもらった
料理と人生を楽しく自由に生きるためのたくさんのこと。
そのレシピを受け継ぐときに大切なのは、料理を忠実に再現することではなく、
人生を楽しむその心を得ていくことだと思う。
ばあちゃんたちとの出会いの旅から戻り、
彼女たちにインスパイアされて仕上げた料理たちを紹介します。
レシピ開発協力：小島三生シェフ

grandma's
lifetime recipes
inherit

　レシピづくりに協力をしてくれたのは、小島三生シェフ。東京で、友人とシェアハウスを始めて間もなかった頃、ひょんなことから突然入居メンバーに加わったのが小島シェフだった。リビングでお酒片手に話していたら、その頃始まったばかりだった『YOU BOX』に興味を持ってくれたので、「暇なら手伝ってくれてもいいんだよ〜」なんて冗談交じりに誘うと、本当に手伝ってくれた。

　驚いたのは、彼の料理のおいしさ。それもそのはず、ミシュラン三ツ星の「ラターブル・ドゥ・ジョエルロブション」ですべてのセクションを経験し、2013年「第1回料理技術技能コンクール」で優勝、翌年シンガポールで行われた料理の世界大会「FHAカリナリー・チャレンジ」の肉部門とデザート部門の両方で銅メダルを獲得するほどのシェフだったのだ。2016年には、フレンチベースのオーダーメイドレストラン「もみじどり by グリーンキッチン」を期間限定で東京築地にオープンした。

　一流の料理オタクである小島シェフと、好きな匂いのするものをついつい持って帰って来てしまう野良猫な私。私が世界の国々から持ち帰った不思議な食材も、小島シェフは想像を超えるおいしい料理へと変えてくれる。今回もその膨大な知識と技術をもってレシピをおこしてくれた。ちぐはぐコンビだけど意外と心地よく、さまざまな料理の仕事を一緒に行っている。この章に掲載したのは、小島シェフと一緒にワクワクしながら考え、たくさんの試作を重ねるうちに楽しく出来上がったレシピばかり。

おもいやりの
緑のおかゆ

右回しの
カボチャジャム

保存の
カレーペースト

おもてなしの
厚焼き

てまひまかけた
おもてなしの厚焼き

尾鷲の満子さんから受け継いだのは、お腹を空かせてやって来る人たちのためにてまひまかけて作りたい厚焼き。手間がかかるわりには見た目が素朴な厚焼きに生ハムを加えて、ちょっと華やかに仕上げてみる。

〈材料〉
鯛 … 1匹（700～800g）
イカ … 1杯
全卵 … 1個
生ハム … 3～4枚
大葉 … 2～3枚
塩コショウ … 適量

〈作り方〉
① 鯛（またはその他の白身魚）は3枚におろし、皮と骨を取り除く
② イカは内臓と足を除いて洗う
③ イカと鯛を小さく切り、卵と一緒にすり鉢で擂る（すり鉢がない人や、ほどほどのてまひまにしたい人はフードプロセッサーを使ってもOK）。滑らかになるまで擂ったら、塩コショウをする
④ 油を引いた小さなフライパンを弱火で軽く温め、③の生地を入れて表面に小さくちぎった大葉、生ハムを順にちりばめて蓋をする
⑤ 焼き色がついたらひっくり返し、蓋をしてさらに焼く
⑥ 竹串などを刺して、火が入ったかを確認し（唇に当ててみて温かさを感じたらOK）、ひっくり返してサーブする
⑦ 千切りにした大葉や細かく刻んだ玉ねぎ、ナッツ、ライム、セロリ、パプリカなどを添えて一緒に食べてもさらに華やかで楽しい

にやにやぐるぐる
右回しのカボチャジャム

ポルトのマリアローズばあちゃんから受け継いだのは、気づけば笑顔で台所に立っている右回しのジャム。やって来る仲間たちの顔を思い浮かべながら右回し。きっと、今までより楽しい味に仕上がるはず。思い切って主役のお肉に合わせて。

〈材料〉
カボチャ … 1/4個
玉ねぎ … 1/4個
ニンニク … 1/4片
オレンジジュース … 50〜100g
レモンジュース … キュッとひと絞り
チリパウダー … ひとつまみ
タイムの葉 … パラパラ
砂糖 30〜50g
（カボチャの甘みによって調整）
塩 … 少々
水 … ひたひた

〈カボチャジャムの作り方〉
① カボチャは種を取り除き、皮をむいて2mmほどにスライスする
② ①を鍋に入れ、ひたひたまで水を注ぎ、砂糖と塩を少量入れて弱火〜中火にかける
③ 木べらでじっくり右回し
④ 食べてもらう人たちの顔を思い浮かべながらひたすら右回し
⑤ 水が見えなくなって、コゲつきそうになったら水を足す
⑥ 食べてもらう人たちの顔を思い浮かべてにやにやしながら右回し
⑦ カボチャのつぶつぶが見えなくなってきたら味を見て、砂糖と塩で加減し冷ます
⑧ みじん切りにした玉ねぎ、ニンニク、オレンジジュース、レモンジュース、チリパウダー、タイムの葉を入れ、混ぜて出来上がり。爽やかなオレンジとタイムの組み合わせは、どんなお肉にも合う

〈スパイスふりかけの作り方〉
① カボチャの種を大さじ1、クミンシード、コリアンダーシード、白ゴマ、チリパウダー、塩、それぞれ小さじ1のすべての材料を鍋の底などで小さく潰して混ぜる
② ほどよく焼いたチキンやラムや牛など、好きなお肉にかけると、エスニックなワクワクする味になる

いつでも迎えられる
保存のカレーペースト

バンコクのマリニーばあちゃんから受け継いだのは、これさえあればさまざまな料理を手早く作って突然の訪問者のお腹も満たしてあげられるカレーペースト。酒粕を使ったペーストでスープを作ってライスヌードルにかければ、個性的な発酵カレーヌードルに。

〈材料〉
ニンニク … 2片
生姜 … 親指の第一関節くらいの大きさ
トマトペースト … 大さじ2
パプリカパウダー … 大さじ2〜3
鷹の爪 … 2本〜お好み
パクチー … 1束分(根っこ付き)
梅干し … 3粒
ナンプラー … 大さじ1
酒粕 … 大さじ1(甘酒でもOK)
塩 … 適量

〈カレーペーストの作り方〉
① 種を出した鷹の爪を乾煎りし、石臼に入れて一緒にトントンする
② ニンニク、生姜を小さく切り、パクチーの根と葉も細かく刻んで①に入れトントンする
③ トマトペースト、パプリカパウダー、梅肉、酒粕を入れてトントンし、塩とナンプラーで味付けをする
④ 瓶に入れて冷蔵庫で保存。1週間以上保つ。鶏肉に塗って片栗粉をはたいて揚げればジューシーな唐揚げに。パンに塗って好きな野菜やハムなどでサンドイッチに。挽き肉や野菜を炒めて卵と合わせてカレーオムレツにするなど、使い方は自由自在

〈カレーヌードルの作り方〉
① 水に好みのシーフードを入れて火にかけ、沸騰してシーフードに火が入ったらココナッツミルクを加えてもう一度煮立たせ、作ったペーストを適量溶かし入れ、ライム、ナンプラー、砂糖で好みに調味する
② 茹でたてのライスヌードル(そうめんでもOK)にかけて頂く

おいしく体を整える
おもいやりの緑のおかゆ

スリランカ・コロンボのメッタばあちゃんから受け継いだのは、なんとなく具合が悪いとき、飲みすぎた翌日、野菜不足気味なときに調子を整えてくれるおかゆ。ココナッツミルクと色々野菜の優しい出汁で、おいしく野菜補給できる。

〈材料〉
1cm角に切った野菜（玉ねぎ、セロリ、キャベツ、パプリカ等）…合わせて茶碗軽く1杯
ニンニク … 1/2片
生姜 … 小指の先の大きさくらい
刻んだ切干し大根 … 大さじ1
昆布 … 2cm角
米粉 … 大さじ1
水 … 300ml
ココナッツミルク … 150ml
緑の葉 … ガサッとひと掴み
塩 … 少々

〈作り方〉
① ニンニク、生姜をみじん切りに。切干し大根は小さく切る
② 野菜に米粉を全体的にうっすら付くくらいにまぶす
③ 鍋に①②と水、昆布を入れて火にかけ、沸騰したら弱火にし、アクをすくいながら野菜が軟らかくなるまで15〜20分煮る
④ ココナッツミルクを加えて、さらに5分煮る
⑤ 食べる人のコンディションに合わせて葉っぱを選びガサッと掴んでミキサーで撹拌し、それを茶こしで濾し入れる
⑥ 沸騰しないように温め、塩で味を調えて完成

ポイント
① いろんな葉を楽しく調合して入れる。クセのある緑の方がおいしくなる。例えば、ルッコラやイタリアンパセリなどのハーブ類、わさび菜やレタスなどの野菜、桑の葉やタンポポの葉などの野草を組み合わせるのも良い。何種類か組み合わせると、だいたいおいしくなる
② 濾した緑の汁を入れた後は色を鮮やかにするため、沸騰させない

epilogue

　私は、私自身のばあちゃんのことが大好きだった。2人のばあちゃんはどちらも、自身の壮大な人生のドラマを聞かせてくれた。その話にはつじつまの合わないようなことがたくさんあって、ツッコミどころが満載で面白かった。きっと、私の当たり前と、彼女たちの当たり前がかけ離れていたからだと思う。何もないのが当たり前の時代に生まれたばあちゃんと、コンビニやスーパーには毎日食べ物が並び、家事だって電化製品がほとんどこなしてくれるのが当たり前の時代に生まれた私。一見豊かな時代に生まれた私だが、食料廃棄事情は異常だし、環境や経済の変化のもと苦悩する生産者たちにも多く会い、どうも私たちの当たり前はこのまま続くとは思えなくて不安だった。そんな時、混乱の時代を80年も生き抜いたばあちゃんたちが培ってきた知恵は無敵に見えた。それになにより、キュートなばあちゃんたちが楽しげに話してくれる波瀾万丈のライフストーリーは、いつもリアルでカッコよくてワクワクした。

　ばあちゃんのレシピ集めを何のためにやっているのか。もっと広げるためには、ビジネスとして成り立つモデルであることや、拡散されるようなわかりやすさが必要だとたくさんの人たちから言われてきた。しかし、そうやってわかりやすくすることで私たちが失って来たもの、それこそがばあちゃんのレシピに象徴されていると思っている。高らかに主張したりお金や権力ばかり気にするのではなく、さまざまなことを受け入れながら、大切なものを引き継ぎ、絶やすべきは絶やす。そんなことを家庭から実践する。それこそが、言語は違えど出会ったばあちゃんみんなが語る普遍的に重要なことであって、かけがえのない財産であると思えてならない。

　そんなこんなで、ばあちゃんのレシピは、最終的に細かい作り方や分量などがほとん

どなく「レシピ本」らしからぬ仕上がりになった。料理する傍らで聞くばあちゃんたちの小話は想像以上に厚みを持ち、彼女たちのこれまでを聞くことは、私のこれからを考えることに繋がっていた。だからこそ、私にとってばあちゃんのレシピは、「大変な時代だったんだね」と苦労を讃えるものでも、単なる失われゆくレシピの記録でもない。激動の時代に、私たちは何を信じ、どうサバイブしていくのかを考えるヒントを与えてくれるものなのだ。

現在88歳で今でもブティックを営み、今年の流行色を教えてくれる私のばあちゃんは言う。「人生はね、なるようにしかならないんだから、好きなことやったらいいよ」。だから頑張らなくていいっていう話ではなくて、人生にはどれだけ頑張ってもどうにもならないことがあるのだから、だったら自分が好きだなと思う方に生きてみたらいいし、ダメならちょっと横に脇道を作ればいいということ。このばあちゃんの言葉はいつも私を自然体にしてくれる。

志を共有できる仲間が世界じゅうに広がる今、さて、私たちはどんな世界を次の世代に繋いでいこう。美しい笑いジワがたっぷり生まれる世界を作っていきたい。ワクワクしながら今を生きていかなきゃ。

そして、ばあちゃんになった頃に誰かがレコーディングに訪ねてきたら、私はとびきりシワシワの笑顔で、この壮大な冒険の話をしたい。

最後に、この本を作るにあたって、企画から出版までの間に子どもを産み育てながらも全力で監修・編集・師匠として携わってくれた柿原優紀さん、妹弟子の原山ちゃん、2年以上前から気にかけて下さっていたソトコト編集部さん、細かな要素までばばワールドを表現して下さった((STUDIO))さんに多大なる感謝を。

中村 優

1986年生。『40creations』代表。これまで34ヶ国以上の台所に立ち、英語とスペイン語と少しのタイ語を話す。現在は拠点をバンコクと東京に置いて活動中。大学時代にさまざまな国をまわる中で「食は国境や世代を超えて人々を笑顔にする」ことを実感。複数の企業からスポンサードを受けて『The Best Smile from World Kitchen』プロジェクトを立ち上げ、世界の家庭をまわりながら食を通じて異文化交流を重ね、家庭料理を学ぶ。卒業後は渋谷の編集事務所「たらくさ株式会社」、恵比寿のレストラン「キッチンわたりがらす」にて編集と料理を学び、2012年に独立。世界各国の地域からの「とびきりおいしい」をおすそ分けするサービス『YOU BOX』スタートと同時に、世界じゅうのばあちゃんのレシピ収集も開始。2015年には、食のまわりのことを仕掛けるチーム『40creations』を立ち上げて活動を続けている。自身の活動に加え、食にまつわる企業の広報や新規事業立ち上げ、レシピ開発にも携わる。

40creations.com / youbox.world

ばあちゃんの幸せレシピ

発行日 2017年2月1日 第1刷発行

著者　中村 優
発行者　小黒一三
発行所　株式会社木楽舎
〒104-0044 東京都中央区明石町11-15 ミキジ明石町ビル6階
電話 03-3524-9572
www.kirakusha.com
印刷・製本　大日本印刷株式会社

監修・編集　柿原優紀（たらくさ株式会社）
編集　原山幸恵（たらくさ株式会社）
デザイン　峯崎ノリテル、正能幸介（(STUDIO)）
写真　中村 優、株式会社ディスカバリー号（P18-22、23下、40-41、44-46、48下左、49上、84-89、96-102、104-107、111上、114-115、149-150、166-173）
イラスト　中村 優
校閲　株式会社鴎来堂
協力　株式会社紀文食品、株式会社テーブルカンパニー

落丁本、乱丁本の場合は木楽舎宛にお送りください。
送料当社負担にてお取り替えいたします。
本著の無断複写複製（コピー）は、特定の場合を除き、著作者・出版社の権利侵害になります。
定価はカバーに表示してあります。

©Yu NAKAMURA 2017 Printed in Japan
ISBN978-4-86324-111-4